中国农村合作经济统计年报

（2023年）

农业农村部农村合作经济指导司　编

中国农业出版社
北　京

图书在版编目（CIP）数据

中国农村合作经济统计年报．2023年 ／ 农业农村部农村合作经济指导司编．－－ 北京 ：中国农业出版社，2024．11．－－ ISBN 978－7－109－32649－1

Ⅰ．F325.12－66

中国国家版本馆CIP数据核字第2024DY0196号

中国农业出版社出版

地址：北京市朝阳区麦子店街18号楼
邮编：100125
责任编辑：张丽四　汪子涵
版式设计：小荷博睿　　责任校对：吴丽婷
印刷：北京通州皇家印刷厂
版次：2024年11月第1版
印次：2024年11月北京第1次印刷
发行：新华书店北京发行所
开本：880mm×1230mm　1/32
印张：3.25
字数：115千字
定价：40.00元

编写委员会

主　编：赵　鲲
副主编：仲鹭勃　郭娜英
参　编：（按姓名笔画排序）

马　晔　王海鹏　王梦颖　安　珣　孙少磊

李世武　李　伟　李政良　李政通　杨　震

张　成　张海姣　呼　倩　郑双燕　胡　辉

贺　潇　郭子璠　程培峰

（各地参编人员）

石　慧（北京）　陈　莹（天津）　靖海锋（河北）

任路路（山西）　张晶晶（内蒙古）　王雪莹（辽宁）

杨泽众（吉林）　范业君（黑龙江）　张　礌（上海）

王　琨（江苏）　余鸿斌（浙江）　周丹丹（安徽）

郑　佳（福建）　谢传瑞（江西）　焦晓翠（山东）

雒佩丽（河南）　王宏伟（湖北）　杨跃鹏（湖南）

肖玉军（广东）　刘　君（广西）　李泽康（海南）

周清泉（重庆）　何　苗（四川）　贺肖寒（贵州）

杨　明（云南）　庹书炜（陕西）　甄　玲（甘肃）

潘英卿（青海）　张巧丽（宁夏）　陈旭红（新疆）

扎西旺扎（西藏）

目　录

第一篇　2023 年农村合作经济统计数据 ················· **1**

表 1　全国家庭农场情况 ························· 3

表 1–1　各地区家庭农场基本情况 ·················· 5

表 1–2　各地区家庭农场行业分布情况 ··············· 8

表 1–3　各地区家庭农场经营情况 ················· 11

表 1–4　各地区扶持家庭农场发展情况 ·············· 13

表 2　全国农民专业合作社发展情况 ··············· 15

表 2–1　各地区农民专业合作社基本情况 ············· 18

表 2–2　各地区农民专业合作社分类情况 ············· 21

表 2–3　各地区农民专业合作社经营服务情况 ·········· 25

表 2–4　各地区农民专业合作社盈余及其分配情况 ········ 29

表 2–5　各地区扶持农民专业合作社发展情况 ·········· 31

表 2–6　各地区农民专业合作社联合社基本情况 ········· 32

表 2–7　各地区与农民专业合作社有关的其他情况 ······· 34

表 3　全国农业社会化服务发展情况 ··············· 35

表 3–1　各地区农民专业合作社开展农业社会化服务情况 ···· 37

表 3–2　各地区农村集体经济组织开展农业社会化服务情况 ··· 38

表 3–3　各地区企业开展农业社会化服务情况 ·········· 39

表 3–4　各地区各类农业服务专业户开展农业社会化服务情况 ·· 40

表 3–5　各地区供销合作社开展农业社会化服务情况 ······· 41

表 3-6 　各地区服务协会开展农业社会化服务情况 ……… 42

表 3-7 　各地区其他服务组织开展农业社会化服务情况 ……… 43

表 3-8 　各地区农业生产托管服务情况 …………………… 44

表 4 　全国农村宅基地情况 ……………………………… 47

表 4-1 　各地区基本情况 …………………………………… 48

表 4-2 　各地区管理情况 …………………………………… 49

表 5 　全国农经机构队伍情况 …………………………… 50

表 5-1 　各地区农经机构设置情况 ……………………… 52

表 5-2 　各地区农经队伍情况 …………………………… 54

表 5-3 　附报 ………………………………………………… 59

第二篇　2023 年农村合作经济统计分析报告 ……… **61**

2023 年家庭农场发展情况
　　——农村合作经济统计分析报告之一 …………… 63

2023 年农民专业合作社发展情况
　　——农村合作经济统计分析报告之二 …………… 67

2023 年农业社会化服务发展情况
　　——农村合作经济统计分析报告之三 …………… 70

2023 年农村宅基地情况
　　——农村合作经济统计分析报告之四 …………… 74

2023 年农经机构队伍发展情况
　　——农村合作经济统计分析报告之五 …………… 76

附录　主要指标解释 ……………………………………… **79**

第一篇

2023 年农村合作经济统计数据

表 1 全国家庭农场情况

指标名称	代码	计量单位	数量	比上年增长/%
一、家庭农场基本情况				
（一）家庭农场数量	1	个	3 954 838	0.5
其中：县级及以上农业农村部门评定的示范家庭农场	2	个	229 145	13.6
（二）家庭农场经营土地面积	3	亩*	688 715 194.9	−1.3
1.耕地	4	亩	312 496 909.2	0.1
其中：家庭承包经营	5	亩	77 732 988.9	6.2
2.园地	7	亩	2 832 183.3	9.6
3.林地	8	亩	15 250 291.0	8.2
4.草地	9	亩	340 099 451.9	−2.0
5.水面	10	亩	12 735 743.1	−5.8
6.其他	11	亩	5 300 616.5	−36.5
（三）家庭农场劳动力数量	12	个	12 485 659	1.2
1.家庭成员劳动力	13	个	8 668 421	1.0
2.常年雇工劳动力	14	个	3 847 238	2.4
二、家庭农场行业分布情况				
（一）种植业	15	个	2 573 927	−0.5
其中：粮食产业	16	个	1 748 923	−0.9
1.经营土地面积 50～100 亩	17	个	566 221	−5.1
2.经营土地面积 100～200 亩	18	个	415 868	−4.3
3.经营土地面积 200～500 亩	19	个	244 381	−0.7
4.经营土地面积 500 亩以上	20	个	52 623	4.4
（二）畜牧业	21	个	735 541	2.6
其中：1.生猪产业	22	个	225 458	3.7
2.奶业	23	个	35 569	−17.2

---

* 亩为非法定计量单位，1 亩 ≈ 667 米^2。——编者注

指标名称	代码	计量单位	数量	比上年增长/%
（三）渔业	24	个	181 577	−1.2
（四）林业	25	个	24 316	7.3
（五）种养结合	26	个	349 004	7.8
（六）农业服务业	27	个	12 173	12.0
（七）其他	28	个	78 300	−11.7
三、家庭农场经营情况				
（一）年经营总收入	29	万元	118 808 317.0	−8.3
1. 10 万元以下	30	个	1 335 970	−2.5
2. 10 万～30 万元	31	个	1 753 942	0.9
3. 30 万～50 万元	32	个	438 680	3.7
4. 50 万元以上	33	个	426 246	5.6
（二）年净利润	34	万元	47 514 340.1	4.0
（三）拥有注册商标的家庭农场数	35	个	91 297	9.5
（四）通过农产品质量认证的家庭农场数	36	个	282 684	11.1
（五）粮食作物种植面积	37	亩	263 334 799.8	0.3
（六）粮食产量	38	万斤*	33 112 485.6	3.6
四、扶持家庭农场发展情况				
（一）获得财政扶持资金的家庭农场数	39	个	118 918	0.9
（二）各级财政扶持资金总额	40	万元	1 342 105.1	2.1
（三）获得贷款支持的家庭农场数	41	个	142 106	6.3
1. 20 万元以下	42	个	90 569	3.3
2. 20 万～50 万元	43	个	35 394	10.0
3. 50 万元以上	44	个	16 143	16.4
（四）获得贷款资金总额	45	万元	3 894 922.4	5.7
其中：贷款余额	46	万元	2 038 062.6	12.7
（五）购买农业保险的家庭农场数	47	个	1 655 466	2.0

* 斤为非法定计量单位，1 斤 =500 克。——编者注

表 1-1 各地区家庭农场基本情况

地区	(一) 家庭农场数量/个	县级及以上农业农村部门评定的示范家庭农场/个	(二) 家庭农场经营土地面积/亩	1. 耕地/亩
全 国	**3 954 838**	**229 145**	**688 715 194.9**	**312 496 909.2**
北 京	3 574	555	214 011.7	143 031.0
天 津	12 064	1 074	1 568 656.4	1 407 378.6
河 北	144 162	12 166	16 185 669.4	15 245 663.2
山 西	59 039	3 545	3 916 446.1	3 657 779.4
内 蒙 古	273 394	8 469	303 697 038.6	33 390 971.3
辽 宁	91 714	4 239	7 672 385.3	6 836 804.5
吉 林	96 579	5 948	14 999 384.9	14 457 801.0
黑 龙 江	303 077	8 363	49 007 162.3	48 700 586.8
上 海	3 319	244	531 254.7	528 586.9
江 苏	137 494	21 339	18 937 396.6	16 542 148.0
浙 江	99 261	7 006	6 575 921.6	4 733 477.8
安 徽	230 058	15 601	29 644 791.4	26 914 840.1
福 建	117 136	5 424	4 646 462.5	2 800 933.0
江 西	92 913	4 941	10 664 411.2	8 967 773.7
山 东	588 151	12 463	28 591 049.5	26 991 756.3
河 南	269 805	8 658	20 840 582.0	19 734 199.0
湖 北	187 108	8 598	12 392 969.5	9 314 169.7
湖 南	212 017	13 277	20 083 834.1	16 417 227.8
广 东	151 621	3 743	6 685 168.1	3 677 846.9
广 西	125 782	5 080	4 797 363.9	2 941 884.0
海 南	18 774	264	830 080.6	389 940.1
重 庆	36 621	2 613	1 803 563.1	1 449 997.7
四 川	253 008	40 131	15 054 418.2	10 405 008.6
贵 州	45 485	5 349	2 617 700.7	1 937 459.1
云 南	82 499	6 519	4 345 381.2	3 034 731.3
西 藏	9 316	166	9 331 060.0	46 665.5
陕 西	107 392	12 413	5 790 617.7	5 086 490.2
甘 肃	68 825	5 938	37 566 969.0	4 577 864.3
青 海	18 620	1 560	22 941 495.6	1 160 538.1
宁 夏	14 329	1 037	1 863 647.4	1 753 067.3
新 疆	101 701	2 422	24 918 301.6	19 250 288.2

（续）

地区	家庭承包经营/亩	2. 园地/亩	3. 林地/亩	4. 草地/亩
全　国	**77 732 988.9**	**2 832 183.3**	**15 250 291.0**	**340 099 451.9**
北　京	129 942.0	7 538.4	45 469.1	413.8
天　津	247 633.0	4 100.7	20 931.8	327.2
河　北	1 937 904.0	45 304.5	361 683.1	19 044.0
山　西	1 136 830.0	16 040.6	95 047.5	18 102.6
内蒙古	14 752 844.0	17 998.5	1 197 484.6	268 719 100.5
辽　宁	1 867 231.0	22 508.2	219 529.4	5 281.2
吉　林	3 867 295.0	11 117.3	368 061.6	25 187.1
黑龙江	13 908 603.0	5 197.8	100 264.9	31 839.9
上　海	54 746.0	0.0	453.7	0.0
江　苏	673 059.0	107 137.2	159 891.1	3 346.5
浙　江	738 188.0	136 034.4	862 035.8	5 534.0
安　徽	3 855 150.0	144 169.7	1 024 164.2	11 443.8
福　建	809 654.0	184 153.3	802 894.9	11 864.4
江　西	1 365 066.0	98 849.5	849 375.6	25 672.5
山　东	5 698 491.0	143 671.7	433 604.6	20 340.0
河　南	2 715 250.0	41 756.5	505 151.6	20 155.7
湖　北	2 829 970.0	158 437.1	792 232.2	29 413.2
湖　南	2 827 101.0	199 684.7	1 949 727.3	80 857.9
广　东	1 493 763.0	323 690.1	806 030.1	30 682.3
广　西	1 568 685.0	132 032.2	1 230 206.5	26 344.2
海　南	247 370.0	52 294.4	65 816.6	6 404.3
重　庆	231 823.0	27 368.7	110 468.9	3 529.0
四　川	1 712 316.0	398 552.8	1 108 152.0	1 995 484.5
贵　州	409 713.0	65 560.1	462 448.3	34 501.4
云　南	1 396 510.0	101 688.3	916 672.7	63 069.6
西　藏	11 184.6	1 119.5	15 128.5	9 262 154.1
陕　西	1 923 933.0	164 883.3	334 504.1	39 681.7
甘　肃	2 297 972.0	80 645.8	114 108.9	32 722 662.8
青　海	644 028.3	2 696.2	40 941.3	21 712 289.8
宁　夏	420 447.0	7 597.8	41 755.5	18 757.8
新　疆	5 960 287.0	130 354.5	216 054.7	5 155 966.3

（续）

地区	5. 水面/亩	6. 其他/亩	（三）家庭农场 劳动力数量/个	1. 家庭成员 劳动力/个	2. 常年雇工 劳动力/个
全　国	**12 735 743.1**	**5 300 616.5**	**12 485 659**	**8 668 421**	**3 847 238**
北　京	6 822.9	10 736.6	11 499	8 496	3 003
天　津	113 069.7	22 848.5	32 937	24 375	8 562
河　北	273 006.5	240 968.1	460 721	318 909	141 812
山　西	12 387.6	117 088.3	159 019	130 334	28 685
内蒙古	46 436.8	325 046.9	521 713	467 690	54 023
辽　宁	508 623.7	79 638.4	256 458	197 234	59 224
吉　林	41 060.0	96 158.0	263 380	194 616	68 764
黑龙江	122 884.1	46 388.7	720 320	625 339	94 981
上　海	1 972.1	242.0	11 049	7 780	3 269
江　苏	1 952 423.7	172 450.1	411 499	301 320	110 179
浙　江	529 594.1	309 245.6	302 512	209 871	92 641
安　徽	1 261 875.2	288 298.3	881 276	509 970	371 306
福　建	689 661.1	156 955.8	853 290	153 329	729 961
江　西	538 085.9	184 654.1	330 829	209 118	121 711
山　东	670 497.6	331 179.3	1 803 313	1 475 975	327 338
河　南	271 206.2	268 112.9	863 751	639 577	224 174
湖　北	1 774 873.8	323 843.6	650 671	431 400	219 271
湖　南	822 233.6	614 102.8	792 588	523 816	268 772
广　东	1 557 382.7	289 536.0	351 243	245 454	105 789
广　西	231 003.3	235 893.4	339 639	257 673	81 966
海　南	295 588.7	20 036.6	54 752	40 199	14 553
重　庆	147 250.1	64 948.7	176 349	106 914	69 435
四　川	632 614.8	514 605.6	889 880	590 480	299 400
贵　州	21 136.2	96 595.6	211 593	109 360	102 233
云　南	67 747.0	161 472.4	280 212	214 789	65 423
西　藏	675.1	5 317.3	17 947	16 906	1 041
陕　西	45 726.5	119 331.8	294 257	253 386	40 871
甘　肃	22 011.5	49 675.9	184 938	144 019	40 919
青　海	429.5	24 600.7	48 142	41 379	6 763
宁　夏	23 125.9	19 343.1	34 696	29 737	4 959
新　疆	54 337.2	111 300.8	275 186	188 976	86 210

表1-2 各地区家庭农场行业分布情况

地区	(一) 种植业/个	粮食产业/个	1.经营土地面积 50～100亩/个	2.经营土地面积 100～200亩/个
全　国	2 573 927	1 748 923	566 221	415 868
北　京	2 637	630	163	99
天　津	6 853	4 410	1 160	981
河　北	88 428	71 954	20 767	21 770
山　西	37 347	19 882	8 275	5 854
内蒙古	130 262	102 621	16 501	60 828
辽　宁	62 264	47 631	9 754	12 977
吉　林	80 732	70 713	18 630	27 566
黑龙江	284 056	269 462	127 930	73 551
上　海	3 178	3 162	230	2 363
江　苏	91 830	83 571	13 445	19 521
浙　江	69 234	18 424	2 794	2 856
安　徽	164 701	131 116	35 068	39 709
福　建	66 612	12 883	2 617	970
江　西	62 608	43 397	17 150	10 350
山　东	489 246	329 950	133 483	38 228
河　南	189 365	168 541	61 340	30 738
湖　北	105 938	68 360	23 923	9 858
湖　南	127 526	111 216	28 667	25 644
广　东	67 596	13 394	2 880	2 327
广　西	72 811	21 905	3 103	848
海　南	5 947	1 882	440	109
重　庆	15 402	5 191	1 456	811
四　川	114 675	58 753	14 643	7 251
贵　州	19 925	8 203	1 441	822
云　南	44 841	12 373	4 378	2 317
西　藏	523	214	22	21
陕　西	66 429	24 603	4 982	4 341
甘　肃	21 137	12 217	4 079	3 125
青　海	2 718	2 140	184	399
宁　夏	6 638	5 877	907	1 870
新　疆	72 468	24 248	5 809	7 764

（续）

地区	3.经营土地面积 200～500 亩/个	4.经营土地面积 500 亩以上/个	(二) 畜牧业/个	1.生猪产业/个	2.奶业/个
全　国	**244 381**	**52 623**	**735 541**	**225 458**	**35 569**
北　京	83	26	181	11	6
天　津	949	563	3 536	1 375	117
河　北	15 686	2 929	41 060	10 787	3 745
山　西	2 478	576	17 182	5 606	580
内蒙古	18 310	4 320	95 252	4 757	5 845
辽　宁	5 681	1 352	18 474	3 989	538
吉　林	13 796	2 662	6 796	1 340	726
黑龙江	57 304	10 677	9 033	3 155	600
上　海	559	9	16	0	0
江　苏	19 702	5 370	10 759	2 555	148
浙　江	3 474	1 321	6 467	1 296	80
安　徽	25 567	6 619	25 478	6 843	593
福　建	499	71	10 589	1 626	89
江　西	8 291	1 558	8 881	2 063	112
山　东	16 158	2 730	66 068	23 538	2 719
河　南	16 579	2 942	59 690	26 426	1 216
湖　北	4 526	936	31 972	17 276	451
湖　南	14 892	1 920	30 783	12 615	423
广　东	660	124	24 793	5 319	23
广　西	332	58	31 373	9 752	272
海　南	35	7	4 062	617	46
重　庆	489	93	12 793	5 682	190
四　川	4 524	1 193	72 356	40 385	1 778
贵　州	551	75	19 438	9 929	277
云　南	741	93	24 492	13 761	446
西　藏	11	79	8 593	140	1 085
陕　西	2 779	480	22 978	8 248	1 351
甘　肃	2 030	616	31 200	5 050	1 137
青　海	662	305	14 912	567	3 576
宁　夏	1 210	468	4 482	415	128
新　疆	5 823	2 451	21 852	335	7 272

（续）

地区	（三）渔业/个	（四）林业/个	（五）种养结合/个	（六）农业服务业/个	（七）其他/个
全 国	181 577	24 316	349 004	12 173	78 300
北 京	233	380	125	2	16
天 津	1 056	39	505	6	69
河 北	2 190	430	9 056	121	2 877
山 西	165	889	2 993	58	405
内蒙古	151	110	46 655	29	935
辽 宁	4 969	277	3 386	150	2 194
吉 林	146	162	7 440	268	1 035
黑龙江	218	28	7 328	602	1 812
上 海	17	5	94	0	9
江 苏	23 988	755	7 541	132	2 489
浙 江	12 997	2 603	4 154	629	3 177
安 徽	7 547	1 675	23 542	698	6 417
福 建	21 447	977	10 772	506	6 233
江 西	4 120	550	13 676	673	2 405
山 东	4 687	2 151	15 344	1 398	9 257
河 南	2 530	1 206	12 146	385	4 483
湖 北	19 717	556	22 167	404	6 354
湖 南	10 394	3 393	36 246	207	3 468
广 东	38 723	181	11 373	4 204	4 751
广 西	3 848	2 470	12 227	78	2 975
海 南	4 880	3	1 641	16	2 225
重 庆	3 515	218	2 915	371	1 407
四 川	11 862	1 661	46 492	472	5 490
贵 州	570	673	3 982	86	811
云 南	755	1 668	9 341	85	1 317
西 藏	0	10	170	2	18
陕 西	470	326	14 071	206	2 912
甘 肃	90	206	14 108	183	1 901
青 海	1	2	823	52	112
宁 夏	105	256	2 700	31	117
新 疆	186	456	5 991	119	629

表 1-3　各地区家庭农场经营情况

地区	(一) 年经营总收入/万元	1. 10 万元以下/个	2. 10 万~30 万元/个	3. 30 万~50 万元/个	4. 50 万元以上/个
全　国	**118 808 317.0**	**1 335 970**	**1 753 942**	**438 680**	**426 246**
北　京	75 670.7	2 227	791	245	311
天　津	482 108.5	4 298	4 061	1 361	2 344
河　北	4 658 039.6	40 550	59 971	22 775	20 866
山　西	1 298 812.9	18 146	31 957	4 418	4 518
内蒙古	5 341 356.9	80 444	146 421	30 088	16 441
辽　宁	1 874 765.3	43 166	32 379	7 534	8 635
吉　林	3 493 017.2	33 655	42 844	11 839	8 241
黑龙江	8 495 070.7	132 699	120 757	31 420	18 201
上　海	107 248.2	234	1 659	1 022	404
江　苏	6 938 132.2	25 397	47 361	25 356	39 380
浙　江	3 412 614.1	29 553	40 725	12 577	16 406
安　徽	14 664 848.9	60 628	95 887	34 408	39 135
福　建	4 389 578.2	72 031	29 475	6 542	9 088
江　西	2 923 475.1	31 418	35 640	11 497	14 358
山　东	14 204 225.5	104 279	389 352	52 091	42 429
河　南	7 446 062.8	105 379	109 831	28 157	26 438
湖　北	5 426 928.3	58 352	81 531	25 217	22 008
湖　南	5 419 236.4	80 597	82 983	24 629	23 808
广　东	3 611 337.4	85 073	32 976	13 425	20 147
广　西	2 638 503.1	60 265	44 419	10 765	10 333
海　南	381 489.6	9 020	6 100	1 985	1 669
重　庆	789 167.3	18 174	12 090	3 192	3 165
四　川	7 100 974.8	92 068	101 703	28 750	30 487
贵　州	1 379 915.0	15 646	19 578	5 030	5 231
云　南	2 325 264.7	23 681	38 374	10 601	9 843
西　藏	107 050.8	7 716	1 277	92	231
陕　西	2 138 848.2	36 216	55 711	9 085	6 380
甘　肃	1 552 080.5	30 967	27 590	5 755	4 513
青　海	320 417.4	5 784	10 924	1 271	641
宁　夏	650 927.2	3 927	4 756	2 482	3 164
新　疆	5 161 149.6	24 380	44 819	15 071	17 431

地区	（二）年净利润/万元	（三）拥有注册商标的家庭农场数/个	（四）通过农产品质量认证的家庭农场数/个	（五）粮食作物种植面积/亩	（六）粮食产量/万斤
全　国	47 514 340.1	91 297	282 684	263 334 799.8	33 112 485.6
北　京	23 855.8	178	298	66 397.1	6 947.5
天　津	121 301.2	584	1 211	1 247 049.6	157 772.9
河　北	1 647 935.4	2 887	11 163	11 995 251.6	1 970 088.1
山　西	527 092.1	454	1 161	2 772 583.2	286 634.2
内蒙古	2 808 189.8	954	13 504	27 485 445.6	3 138 237.6
辽　宁	687 855.4	1 414	5 485	6 209 213.5	695 748.1
吉　林	1 767 208.5	2 575	3 810	13 137 750.9	1 901 449.1
黑龙江	3 559 489.0	2 327	4 991	64 196 296.3	5 289 674.1
上　海	39 063.9	199	1 917	509 897.0	54 754.4
江　苏	1 980 899.5	3 903	12 192	15 075 317.5	2 785 464.5
浙　江	1 138 091.0	7 300	11 010	2 928 994.2	332 016.6
安　徽	5 664 106.7	16 937	26 041	24 544 393.3	3 733 765.2
福　建	1 972 412.4	3 077	5 426	627 483.9	60 809.6
江　西	1 061 286.0	1 778	3 723	6 908 793.0	786 272.3
山　东	6 414 150.8	9 784	49 794	22 692 535.0	4 197 550.5
河　南	2 831 009.2	6 629	23 074	17 915 867.1	2 847 543.7
湖　北	2 029 317.2	3 191	7 144	6 657 475.9	816 989.8
湖　南	1 744 577.4	8 560	24 575	15 334 769.2	1 684 886.1
广　东	1 184 923.2	2 363	11 169	951 372.4	83 170.1
广　西	930 302.7	886	6 063	857 781.4	94 463.6
海　南	160 676.8	188	1 075	65 612.6	7 121.0
重　庆	264 192.8	1 475	3 192	487 088.8	35 784.0
四　川	2 948 362.9	7 463	25 036	5 275 990.1	600 372.2
贵　州	525 931.0	1 325	5 873	388 813.2	37 420.0
云　南	942 705.4	704	960	601 121.5	47 570.0
西　藏	23 856.0	70	898	15 740.6	692.8
陕　西	1 041 714.5	1 476	8 416	3 085 034.7	387 780.0
甘　肃	735 652.8	1 126	3 756	2 251 969.9	237 726.4
青　海	158 085.0	385	790	751 594.9	49 024.6
宁　夏	182 235.7	115	459	1 488 334.4	207 041.6
新　疆	2 397 860.4	990	8 478	6 808 831.4	577 715.5

表 1-4　各地区扶持家庭农场发展情况

地区	(一) 获得财政扶持资金的家庭农场数/个	(二) 各级财政扶持资金总额/万元	(三) 获得贷款支持的家庭农场数/个	1.20 万元以下/个
全　国	**118 918**	**1 342 105.1**	**142 106**	**90 569**
北　京	329	11 838.1	37	13
天　津	175	2 066.3	184	48
河　北	1 641	18 416.6	1 282	692
山　西	641	5 691.9	1 241	770
内蒙古	3 192	74 434.3	9 045	7 116
辽　宁	1 180	9 440.6	1 421	764
吉　林	1 337	8 533.7	3 299	2 537
黑龙江	1 804	7 901.6	16 435	13 986
上　海	3 182	43 444.8	28	24
江　苏	17 514	99 571.3	5 696	2 570
浙　江	7 996	78 658.2	5 303	1 930
安　徽	18 200	236 816.3	14 223	8 745
福　建	2 608	64 513.9	2 827	1 687
江　西	1 326	8 852.4	4 328	1 188
山　东	5 597	87 444.5	7 099	3 837
河　南	2 317	47 940.6	3 079	1 923
湖　北	4 570	31 827.4	4 982	2 031
湖　南	16 430	98 571.3	8 614	7 092
广　东	1 258	22 301.9	895	489
广　西	5 634	96 117.5	2 146	1 448
海　南	207	2 673.1	285	186
重　庆	1 920	15 307.4	1 465	695
四　川	10 396	180 051.3	9 217	4 746
贵　州	2 836	39 803.9	4 713	2 699
云　南	1 055	7 791.4	4 519	2 786
西　藏	153	3 456.0	960	841
陕　西	2 451	12 361.3	2 548	1 638
甘　肃	1 239	12 025.3	3 680	2 497
青　海	363	2 961.0	2 397	1 965
宁　夏	354	3 182.0	1 545	459
新　疆	1 013	8 108.9	18 613	13 167

(续)

地区	2.20万～50万元/个	3.50万元以上/个	(四)获得贷款资金总额/万元	贷款余额/万元	(五)购买农业保险的家庭农场数/个
全 国	35 394	16 143	3 894 922.4	2 038 062.6	1 655 466
北 京	7	17	5 702.0	3 924.0	1 096
天 津	54	82	10 277.6	7 128.5	4 753
河 北	369	221	41 993.7	28 641.4	44 763
山 西	327	144	31 879.4	20 568.4	14 337
内蒙古	1 470	459	195 801.2	53 277.8	124 379
辽 宁	310	347	93 475.2	37 351.2	34 667
吉 林	514	248	62 783.8	32 382.2	63 616
黑龙江	1 876	573	238 476.9	80 331.5	149 815
上 海	2	2	702.8	503.0	3 157
江 苏	1 890	1 236	201 070.6	125 283.8	101 427
浙 江	2 057	1 316	215 327.7	139 257.9	25 130
安 徽	3 785	1 693	351 236.7	205 281.5	147 540
福 建	795	345	51 637.3	27 590.0	8 507
江 西	2 405	735	150 031.7	110 992.4	27 063
山 东	2 405	857	192 328.0	102 049.2	301 201
河 南	809	347	88 551.8	77 766.0	112 570
湖 北	1 420	1 531	262 866.2	171 691.4	39 942
湖 南	1 016	506	152 436.4	62 047.1	111 099
广 东	269	137	29 401.4	15 009.6	24 891
广 西	507	191	73 197.2	28 188.7	14 179
海 南	56	43	7 276.7	4 305.0	324
重 庆	525	245	48 287.5	35 304.5	10 011
四 川	3 009	1 462	342 090.7	245 826.7	106 871
贵 州	1 469	545	145 221.9	105 618.7	19 206
云 南	1 329	404	104 477.4	65 623.5	22 701
西 藏	56	63	19 865.4	4 002.9	8 168
陕 西	693	217	53 516.0	29 222.8	22 963
甘 肃	982	201	62 264.7	44 774.2	27 798
青 海	348	84	35 278.3	3 012.9	9 014
宁 夏	703	383	59 297.8	43 835.1	7 336
新 疆	3 937	1 509	568 168.5	127 270.9	66 942

表 2 全国农民专业合作社发展情况

指标名称	代码	计量单位	数量	比上年增长 /%
一、农民专业合作社基本情况				
（一）农民专业合作社数	1	个	2 096 489	0.5
其中：示范社数	2	个	217 769	4.0
1. 国家示范社数	3	个	9 846	0.0
2. 省级示范社数	4	个	35 848	−2.9
3. 市级示范社数	5	个	61 851	4.3
4. 县级示范社数	6	个	110 224	6.7
（二）农民专业合作社成员数	7	个	59 407 822	−0.7
1. 按成员类型划分				
（1）普通农户数	8	个	56 765 557	−0.7
其中：建档立卡脱贫农户数	9	个	2 272 846	13.6
（2）家庭农场成员数	10	个	1 663 645	1.7
（3）企业成员数	11	个	240 476	−4.1
（4）其他成员数	12	个	738 144	−5.9
2. 按要素出资形式划分				
其中：（1）货币出资成员数	13	个	21 730 863	−0.2
（2）土地经营权作价出资成员数	14	个	8 487 959	−0.7
二、农民专业合作社分类情况				
（一）按从事行业划分				
1. 种植业及相关合作社数	15	个	1 149 379	0.8
其中：（1）粮食产业合作社数	16	个	550 529	1.6
（2）蔬菜产业合作社数	17	个	226 384	2.4
2. 林业及相关合作社数	18	个	112 611	−2.5
3. 畜牧业及相关合作社数	19	个	409 995	−0.4
其中：（1）生猪产业合作社数	20	个	131 022	−1.0
（2）奶业合作社数	21	个	10 543	1.5
（3）肉牛羊产业合作社数	22	个	120 979	2.4
（4）肉鸡产业合作社数	23	个	41 733	0.8
（5）蛋鸡产业合作社数	24	个	26 346	−1.4
4. 渔业及相关合作社数	25	个	61 569	1.6

（续）

指标名称	代码	计量单位	数量	比上年增长/%
5.服务业合作社数	26	个	162 569	0.6
其中：（1）农机服务合作社数	27	个	97 294	1.1
（2）植保服务合作社数	28	个	19 364	2.5
（二）按牵头人身份划分				
其中：1.农民牵头合作社数	29	个	1 685 295	−0.1
其中：村组干部牵头合作社数	30	个	249 245	−0.1
2.企业牵头合作社数	31	个	32 740	−3.0
（三）按经营服务内容划分				
其中：1.产加销一体化服务的合作社数	32	个	1 042 756	−0.5
2.运销服务为主的合作社数	33	个	101 505	2.5
3.加工服务为主的合作社数	34	个	71 174	−0.7
三、农民专业合作社经营服务情况				
（一）统一组织销售农产品总值	35	万元	64 514 023.0	0.6
其中：统一销售农产品达80%以上的合作社数	36	个	619 289	3.8
（二）统一组织购买农业生产投入品总值	37	万元	23 629 567.8	0.1
其中：统一购买比例达80%以上的合作社数	38	个	415 914	3.3
（三）拥有注册商标的合作社数	39	个	103 357	0.2
（四）通过农产品质量认证的合作社数	40	个	63 370	2.1
（五）土地经营权作价出资的合作社数	41	个	74 915	1.0
其中：作价出资土地面积	42	亩	22 823 445.3	−33.1
（六）开展内部信用合作的合作社数	43	个	193	−75.3
其中：1.参与信用合作的成员数	44	个	131 862	258.6
2.入股互助资金总额	45	万元	199 642.3	140.1
3.成员使用互助资金总额	46	万元	173 677.9	142.5
（七）开展互助保险的合作社数	47	个	4 671	−46.7
其中：1.参与互助保险成员数	48	个	54 710	−40.0
2.成员支付保费总额	49	万元	3 199.7	−35.6
3.成员获得保险赔偿总额	50	万元	4 159.5	−18.8
（八）创办实体的合作社数	51	个	121 378	0.1
（九）开展农村电子商务的合作社数	52	个	64 666	3.1
（十）开展休闲农业和乡村旅游的合作社数	53	个	19 360	2.5

（续）

指标名称	代码	计量单位	数量	比上年增长/%
（十一）从事民间工艺及制品开发经营的合作社数	54	个	5 001	2.7
四、农民专业合作社盈余及其分配情况				
（一）农民专业合作社经营收入	55	万元	62 433 251.8	−1.0
（二）农民专业合作社上缴的税金总额	56	万元	199 690.1	0.6
（三）农民专业合作社盈余	57	万元	12 142 551.0	1.1
（四）可分配盈余	58	万元	8 741 083.4	0.0
其中：1. 按交易量返还成员总额	59	万元	4 976 139.1	1.0
2. 按股分红总额	60	万元	2 164 953.1	−2.6
（五）可分配盈余按交易量返还成员的合作社数	61	个	441 765	2.1
其中：60% 以上可分配盈余按交易量返还成员的合作社数	62	个	353 085	2.0
（六）提留公积金、公益金或风险金的合作社数	63	个	272 403	2.5
五、扶持农民专业合作社发展情况				
（一）当年获得财政扶持资金的合作社数	64	个	36 232	−2.8
（二）当年财政扶持资金总额	65	万元	531 468.9	−6.0
（三）当年承担国家财政项目的合作社数	66	个	12 904	−2.2
其中：当年承担国家涉农项目的合作社数	67	个	11 062	−1.6
（四）当年贷款余额	68	万元	980 699.7	−0.5
六、农民专业合作社联合社基本情况				
（一）农民专业合作社联合社数	69	个	14 768	6.8
（二）农民专业合作社联合社成员数	70	个	168 511	−4.5
（三）农民专业合作社联合社盈余及其分配情况				
1. 农民专业合作社联合社经营收入	71	万元	1 676 550.6	3.7
2. 农民专业合作社联合社盈余	72	万元	302 840.4	0.6
3. 农民专业合作社联合社可分配盈余	73	万元	226 320.7	−1.7
其中：（1）按交易量返还成员总额	74	万元	134 551.5	4.0
（2）按股分红总额	75	万元	55 322.5	−2.3
七、与农民专业合作社有关的其他情况				
（一）成立基层党组织的农民专业合作社数	76	个	49 963	−0.1
（二）农民专业合作社成员中党员数	77	个	782 300	5.1
（三）农民专业合作社联合会数	78	个	1 884	5.4

表 2-1　各地区农民专业合作社基本情况

地区	（一）农民专业合作社数/个	示范社数/个	1.国家示范社数/个	2.省级示范社数/个	3.市级示范社数/个	4.县级示范社数/个
全　国	2 096 489	217 769	9 846	35 848	61 851	110 224
北　京	7 154	675	146	193	0	336
天　津	10 514	582	67	487	0	28
河　北	113 769	11 480	443	1 544	2 807	6 686
山　西	92 597	7 724	399	1 408	1 993	3 924
内蒙古	63 331	6 842	330	909	2 379	3 224
辽　宁	56 372	3 655	116	897	820	1 822
吉　林	78 241	5 507	226	1 344	1 795	2 142
黑龙江	77 156	3 126	150	726	832	1 418
上　海	1 935	709	98	310	0	301
江　苏	49 933	9 270	499	1 204	3 120	4 447
浙　江	40 521	5 089	232	567	1 498	2 792
安　徽	115 945	12 283	521	1 807	3 946	6 009
福　建	43 825	6 472	153	1 321	1 653	3 345
江　西	76 084	6 658	468	1 141	2 083	2 966
山　东	224 258	20 065	630	2 998	6 218	10 219
河　南	185 719	14 330	676	1 407	4 396	7 851
湖　北	113 499	12 326	519	1 120	3 691	6 996
湖　南	116 834	13 390	664	1 653	3 014	8 059
广　东	60 268	3 737	269	926	1 316	1 226
广　西	61 551	7 933	161	1 245	1 807	4 720
海　南	14 808	255	19	73	102	61
重　庆	36 810	2 894	288	1 089	0	1 517
四　川	106 848	14 341	612	2 373	4 183	7 173
贵　州	61 454	5 807	246	1 365	2 640	1 556
云　南	68 316	6 334	288	1 049	1 987	3 010
西　藏	11 824	1 037	120	164	354	399
陕　西	66 987	9 126	359	1 086	2 783	4 898
甘　肃	92 251	15 306	511	3 057	3 685	8 053
青　海	9 191	4 072	109	829	1 033	2 101
宁　夏	6 353	2 668	243	518	544	1 363
新　疆	32 141	4 076	284	1 038	1 172	1 582

（续）

地区	（二）农民专业合作社成员数/个	1.按成员类型划分		（2）家庭农场成员数/个
		（1）普通农户数/个	建档立卡脱贫农户数/个	
全　国	59 407 822	56 765 557	2 272 846	1 663 645
北　京	182 249	174 892	0	2 248
天　津	172 945	166 094	0	6 356
河　北	2 380 225	2 308 505	46 542	37 961
山　西	1 111 980	1 088 762	52 684	11 719
内蒙古	565 756	543 575	408	16 316
辽　宁	1 054 612	1 021 387	1 030	16 112
吉　林	935 063	879 345	11 248	42 224
黑龙江	683 815	650 645	2 134	23 463
上　海	39 225	38 337	0	589
江　苏	5 671 268	5 483 303	3 938	92 238
浙　江	729 860	701 717	56	19 621
安　徽	3 629 390	3 405 526	59 673	182 439
福　建	708 144	651 882	5 650	30 423
江　西	1 686 791	1 548 324	51 314	54 731
山　东	6 557 438	6 419 762	34 324	84 665
河　南	3 276 200	3 055 490	12 626	167 719
湖　北	6 050 813	5 672 838	84 951	243 877
湖　南	3 562 283	3 181 700	81 732	260 448
广　东	551 446	516 586	8 017	15 928
广　西	996 888	928 546	17 642	37 408
海　南	139 403	132 146	7 213	2 344
重　庆	3 075 069	3 025 245	95 074	32 286
四　川	4 082 874	3 923 151	118 945	96 303
贵　州	3 090 011	3 030 710	338 714	36 987
云　南	3 386 223	3 320 953	545 425	31 693
西　藏	301 540	268 774	54 190	12 949
陕　西	2 129 108	2 019 769	1 510	73 360
甘　肃	1 894 311	1 874 536	621 156	13 403
青　海	191 321	182 227	2 139	3 717
宁　夏	193 817	188 126	1 292	5 288
新　疆	377 754	362 704	13 219	8 830

(续)

地区	1. 按成员类型划分		2. 按要素出资形式划分	
	(3) 企业成员数/个	(4) 其他成员数/个	(1) 货币出资成员数/个	(2) 土地经营权作价出资成员数/个
全 国	**240 476**	**738 144**	**21 730 863**	**8 487 959**
北 京	129	4 980	121 058	1 219
天 津	189	306	89 039	14 989
河 北	6 900	26 859	638 534	238 637
山 西	2 003	9 496	558 234	27 507
内蒙古	2 123	3 742	229 873	34 677
辽 宁	2 284	14 829	341 149	167 907
吉 林	2 255	11 239	362 176	139 480
黑龙江	4 105	5 602	197 172	164 427
上 海	269	30	1 935	0
江 苏	18 478	77 249	2 114 713	1 591 414
浙 江	2 791	5 731	345 247	36 510
安 徽	9 480	31 945	2 975 735	431 115
福 建	4 793	21 046	319 716	32 758
江 西	12 522	71 214	934 097	157 198
山 东	11 261	41 750	2 547 095	902 020
河 南	22 673	30 318	1 161 456	425 753
湖 北	33 928	100 170	968 108	416 768
湖 南	24 769	95 366	1 146 510	668 472
广 东	7 108	11 824	195 901	20 043
广 西	6 792	24 142	311 877	49 542
海 南	1 362	3 551	22 727	3 612
重 庆	6 149	11 389	1 243 163	1 103 527
四 川	12 749	50 671	1 758 051	846 402
贵 州	6 464	15 850	597 753	540 639
云 南	6 367	27 210	1 029 202	200 586
西 藏	118	19 699	163 138	12 732
陕 西	27 511	8 468	491 676	87 741
甘 肃	3 318	3 054	529 826	108 556
青 海	96	5 281	90 039	11 333
宁 夏	107	296	76 367	26 909
新 疆	1 383	4 837	169 296	25 486

表 2-2 各地区农民专业合作社分类情况

地区	(一) 按从事行业划分				
	1. 种植业及相关合作社数/个	(1) 粮食产业合作社数/个	(2) 蔬菜产业合作社数/个	2. 林业及相关合作社数/个	3. 畜牧业及相关合作社数/个
全 国	**1 149 379**	**550 529**	**226 384**	**112 611**	**409 995**
北 京	4 293	425	994	425	1 146
天 津	6 358	3 833	1 874	840	1 407
河 北	66 053	41 754	15 611	6 362	16 068
山 西	43 473	21 012	7 890	7 283	26 094
内蒙古	27 083	20 128	2 847	586	25 065
辽 宁	31 754	18 540	6 186	2 004	10 993
吉 林	45 599	37 031	2 789	1 294	13 253
黑龙江	57 446	48 107	4 461	597	9 163
上 海	1 617	578	555	28	52
江 苏	23 170	11 415	5 473	3 362	6 004
浙 江	23 783	4 835	6 924	4 635	3 986
安 徽	69 897	46 497	9 253	5 109	15 527
福 建	25 509	4 361	7 376	4 662	3 701
江 西	42 278	21 699	6 949	4 908	10 943
山 东	148 092	71 181	39 717	9 840	26 165
河 南	118 891	84 961	13 380	7 670	27 600
湖 北	52 905	19 946	14 192	8 330	22 521
湖 南	60 948	34 633	10 327	8 365	19 272
广 东	36 005	6 839	6 458	1 628	5 339
广 西	31 902	4 053	7 011	2 687	13 801
海 南	5 546	395	1 422	391	2 956
重 庆	20 714	3 361	5 915	2 550	7 737
四 川	50 452	11 021	12 364	7 898	30 390
贵 州	30 239	3 498	9 377	3 063	18 110
云 南	36 317	3 394	9 129	3 540	20 403
西 藏	1 282	503	372	480	2 746
陕 西	34 146	10 042	6 652	4 984	17 425
甘 肃	38 764	10 469	7 714	5 006	33 543
青 海	3 893	2 417	729	583	4 176
宁 夏	2 528	1 113	808	559	2 552
新 疆	8 442	2 488	1 635	2 942	11 857

（续）

地区	(一) 按从事行业划分				
	(1) 生猪产业 合作社数/个	(2) 奶业合作 社数/个	(3) 肉牛羊产业 合作社数/个	(4) 肉鸡产业 合作社数/个	(5) 蛋鸡产业 合作社数/个
全 国	**131 022**	**10 543**	**120 979**	**41 733**	**26 346**
北 京	207	87	135	69	130
天 津	591	34	322	119	101
河 北	5 132	1 159	4 019	1 711	1 686
山 西	7 827	802	9 386	1 874	1 701
内蒙古	1 729	1 055	17 248	288	259
辽 宁	3 485	197	3 319	1 229	862
吉 林	4 070	345	4 063	848	505
黑龙江	2 908	431	3 368	604	445
上 海	5	3	14	14	3
江 苏	2 132	101	672	795	1 215
浙 江	1 104	54	421	642	300
安 徽	6 886	112	2 612	2 108	1 571
福 建	779	41	492	649	225
江 西	3 825	81	1 674	1 672	1 233
山 东	8 845	1 121	3 912	3 173	2 515
河 南	12 266	554	4 979	2 822	2 779
湖 北	8 695	91	3 812	2 546	2 912
湖 南	9 247	89	2 909	2 587	1 332
广 东	1 351	17	313	720	121
广 西	5 042	64	2 045	2 694	354
海 南	1 386	9	793	1 594	92
重 庆	2 655	33	1 406	1 140	350
四 川	13 030	303	7 506	2 861	1 063
贵 州	6 821	22	4 631	2 332	1 263
云 南	7 485	271	6 050	1 906	463
西 藏	293	1 116	1 847	117	219
陕 西	6 370	848	3 733	1 895	1 435
甘 肃	5 685	656	16 637	1 892	838
青 海	553	184	2 815	170	118
宁 夏	255	154	1 704	124	51
新 疆	363	509	8 142	538	205

（续）

地区	（一）按从事行业划分				（二）按牵头人身份划分
	4.渔业及相关合作社数/个	5.服务业合作社数/个	(1)农机服务合作社数/个	(2)植保服务合作社数/个	1.农民牵头合作社数/个
全 国	**61 569**	**162 569**	**97 294**	**19 364**	**1 685 295**
北 京	108	787	124	1	6 411
天 津	630	581	484	46	9 540
河 北	684	5 708	3 779	891	81 933
山 西	331	6 577	4 873	397	74 088
内蒙古	258	5 940	3 820	178	47 343
辽 宁	795	5 715	4 740	270	42 001
吉 林	371	9 050	8 002	278	57 964
黑龙江	566	6 147	4 987	232	74 679
上 海	140	98	53	4	1 448
江 苏	5 001	9 228	6 061	1 457	40 890
浙 江	3 093	2 211	1 142	465	35 551
安 徽	4 903	12 052	8 594	1 967	95 761
福 建	2 898	2 462	950	230	33 952
江 西	4 511	5 041	2 189	1 255	59 525
山 东	3 336	20 265	12 031	2 531	188 905
河 南	2 027	14 208	9 187	2 646	151 910
湖 北	10 655	8 126	4 040	1 388	90 451
湖 南	4 917	8 008	6 052	970	90 657
广 东	3 291	2 854	816	164	36 477
广 西	2 956	4 172	2 141	518	48 249
海 南	682	347	83	43	9 347
重 庆	1 847	2 008	1 257	157	30 637
四 川	4 501	5 734	2 275	998	90 334
贵 州	1 295	2 519	840	339	48 636
云 南	633	4 998	737	489	59 739
西 藏	47	744	293	80	5 582
陕 西	449	4 185	1 966	547	55 043
甘 肃	298	6 445	3 371	363	77 457
青 海	39	215	156	9	8 308
宁 夏	109	478	309	31	6 128
新 疆	198	5 666	1 942	420	26 349

（续）

地区	（二）按牵头人身份划分		（三）按经营服务内容划分		
	村组干部牵头合作社数/个	2.企业牵头合作社数/个	1.产加销一体化服务的合作社数/个	2.运销服务为主的合作社数/个	3.加工服务为主的合作社数/个
全　国	**249 245**	**32 740**	**1 042 756**	**101 505**	**71 174**
北　京	418	123	5 974	51	20
天　津	398	23	5 381	90	141
河　北	17 262	1 198	44 158	6 836	3 944
山　西	7 489	251	42 346	2 079	2 640
内蒙古	3 701	348	25 688	3 361	2 737
辽　宁	3 559	235	19 629	1 249	1 292
吉　林	6 023	316	36 042	3 350	1 696
黑龙江	4 030	294	32 136	2 153	1 753
上　海	19	365	1 741	40	17
江　苏	6 284	1 261	24 826	5 052	3 978
浙　江	3 050	398	27 293	1 311	1 118
安　徽	11 474	2 837	64 993	4 299	5 016
福　建	4 015	437	24 105	1 433	1 593
江　西	9 309	2 506	35 873	5 546	3 445
山　东	49 113	2 000	109 831	10 781	7 137
河　南	16 771	3 211	93 360	10 447	4 522
湖　北	11 794	2 528	63 883	5 895	5 417
湖　南	16 919	2 295	65 820	7 492	5 972
广　东	3 181	703	25 649	1 254	1 048
广　西	4 916	1 734	32 682	2 530	1 503
海　南	987	562	4 779	582	294
重　庆	6 301	1 639	22 929	1 510	714
四　川	15 260	2 464	70 391	4 036	2 397
贵　州	13 168	1 060	30 179	3 094	2 071
云　南	10 724	679	39 016	2 618	1 580
西　藏	2 908	36	1 644	371	806
陕　西	8 376	1 977	32 944	4 145	3 248
甘　肃	9 692	928	43 583	6 762	2 842
青　海	720	71	4 334	649	211
宁　夏	334	87	4 814	597	256
新　疆	1 050	154	6 733	1 892	1 766

表 2-3　各地区农民专业合作社经营服务情况

地区	(一) 统一组织销售农产品总值/万元	统一销售农产品达 80%以上的合作社数/个	(二) 统一组织购买农业生产投入品总值/万元	统一购买比例达 80%以上的合作社数/个
全　国	**64 514 023.0**	**619 289**	**23 629 567.8**	**415 914**
北　京	239 711.0	466	41 906.3	370
天　津	260 121.3	1 259	140 030.2	1 028
河　北	2 173 540.2	35 164	1 128 345.6	30 917
山　西	535 679.7	9 228	158 007.3	6 812
内蒙古	1 382 048.3	9 750	625 851.1	6 937
辽　宁	770 980.9	6 505	250 852.5	4 401
吉　林	461 630.0	9 163	190 291.9	7 259
黑龙江	805 185.8	6 070	373 455.5	4 547
上　海	692 861.0	689	297 463.0	591
江　苏	5 286 886.0	14 705	2 007 454.4	12 427
浙　江	2 731 974.3	13 231	912 214.2	9 902
安　徽	6 016 194.4	45 244	2 526 520.7	26 235
福　建	1 138 087.8	17 173	453 790.8	8 226
江　西	2 718 286.6	93 935	1 243 411.4	19 016
山　东	7 762 973.7	66 920	2 870 988.4	61 728
河　南	3 649 888.7	54 787	1 485 158.9	60 356
湖　北	6 778 754.5	63 847	2 690 808.8	32 879
湖　南	3 708 892.9	42 349	1 522 549.3	32 652
广　东	4 880 398.5	7 388	607 537.8	4 689
广　西	1 071 883.9	10 968	265 539.2	6 890
海　南	172 550.2	835	68 053.1	702
重　庆	1 260 565.8	10 620	375 514.5	8 076
四　川	4 087 941.4	31 488	1 705 479.4	24 010
贵　州	774 451.0	14 984	217 192.4	9 731
云　南	1 777 444.2	13 752	467 885.7	8 372
西　藏	29 656.4	510	1 316.5	136
陕　西	1 287 065.0	13 116	290 894.2	8 720
甘　肃	1 048 320.5	14 523	323 447.8	9 476
青　海	103 656.3	3 807	30 288.3	3 279
宁　夏	464 841.2	2 321	172 316.6	2 244
新　疆	441 552.0	4 492	185 002.1	3 306

(续)

地区	(三) 拥有注册商标的合作社数/个	(四) 通过农产品质量认证的合作社数/个	(五) 土地经营权作价出资的合作社数/个	作价出资土地面积/亩	(六) 开展内部信用合作的合作社数/个
全　国	**103 357**	**63 370**	**74 915**	**22 823 445.3**	**193**
北　京	404	1 171	77	12 320.0	1
天　津	619	521	222	50 860.1	0
河　北	4 571	3 811	6 251	3 968 551.0	3
山　西	1 757	727	212	29 548.7	3
内蒙古	957	300	1 147	133 965.0	1
辽　宁	2 294	717	2 570	893 926.3	3
吉　林	1 946	797	2 573	260 269.3	2
黑龙江	1 679	408	6 622	2 022 602.4	2
上　海	611	1 306	0	0.0	0
江　苏	4 819	2 938	3 337	2 274 058.3	0
浙　江	5 442	3 937	269	130 087.5	16
安　徽	6 109	4 187	1 939	236 782.8	42
福　建	7 218	1 894	552	20 862.0	1
江　西	4 317	2 972	4 360	687 981.2	0
山　东	8 459	3 887	5 826	1 098 958.7	57
河　南	8 261	3 330	6 041	796 042.9	22
湖　北	7 647	5 772	3 816	2 626 530.0	20
湖　南	8 801	6 531	10 429	2 008 642.2	1
广　东	1 817	1 754	2 729	1 375 000.0	2
广　西	1 703	937	851	385 354.0	0
海　南	762	311	278	12 367.0	0
重　庆	2 598	1 315	3 819	869 999.6	0
四　川	6 654	6 117	4 167	994 953.4	0
贵　州	3 044	2 456	3 732	633 639.5	1
云　南	1 849	770	721	149 905.5	7
西　藏	993	384	106	67 654.6	0
陕　西	4 041	1 969	615	126 310.6	9
甘　肃	1 922	1 180	325	128 131.7	0
青　海	412	133	120	332 571.2	0
宁　夏	626	433	445	166 693.4	0
新　疆	1 025	405	764	328 876.6	0

（续）

地区	1.参与信用合作的成员数/个	2.入股互助资金总额/万元	3.成员使用互助资金总额/万元	（七）开展互助保险的合作社数/个	1.参与互助保险成员数/个	2.成员支付保费总额/万元
全 国	**131 862**	**199 642.3**	**173 677.9**	**4 671**	**54 710**	**3 199.7**
北 京	46	419.8	419.8	0	0	0.0
天 津	0	0.0	0.0	0	0	0.0
河 北	7 311	12 016.6	8 117.3	0	0	0.0
山 西	2 232	3 197.0	2 581.7	0	0	0.0
内蒙古	16	106.3	106.0	0	0	0.0
辽 宁	156	592.4	0.0	0	0	0.0
吉 林	874	4 110.5	10 973.0	0	0	0.0
黑龙江	2 070	1 000.0	3 239.0	0	0	0.0
上 海	0	0.0	0.0	0	0	0.0
江 苏	0	0.0	0.0	192	4 721	48.1
浙 江	833	2 237.5	1 072.3	324	2 430	898.5
安 徽	10 034	31 096.7	25 417.7	22	100	0.3
福 建	28	72.0	92.0	245	101	4.3
江 西	0	0.0	0.0	210	663	11.2
山 东	6 085	18 854.6	13 504.4	882	13 761	84.6
河 南	96 976	92 230.2	87 296.5	0	0	0.0
湖 北	339	4 824.7	2 328.7	329	816	675.2
湖 南	707	3 774.7	3 213.3	1 807	26 133	844.0
广 东	177	2 038.1	1 285.0	345	1 456	134.4
广 西	0	0.0	0.0	0	0	0.0
海 南	0	0.0	0.0	27	9	26.0
重 庆	0	0.0	0.0	0	0	0.0
四 川	0	0.0	0.0	193	3 047	432.9
贵 州	5	50.0	50.0	70	744	32.0
云 南	1 630	9 970.7	8 835.4	10	286	0.3
西 藏	0	0.0	0.0	8	363	6.5
陕 西	2 343	13 050.5	5 145.7	6	72	0.7
甘 肃	0	0.0	0.0	0	0	0.0
青 海	0	0.0	0.0	0	6	0.0
宁 夏	0	0.0	0.0	0	0	0.0
新 疆	0	0.0	0.0	1	2	0.6

（续）

地区	3.成员获得保险赔偿总额/万元	（八）创办实体的合作社数/个	（九）开展农村电子商务的合作社数/个	（十）开展休闲农业和乡村旅游的合作社数/个	（十一）从事民间工艺及制品开发经营的合作社数/个
全　国	4 159.5	121 378	64 666	19 360	5 001
北　京	0.0	330	229	273	34
天　津	0.0	269	217	59	3
河　北	0.0	6 142	3 578	1 017	105
山　西	0.0	3 093	695	103	72
内蒙古	0.0	1 363	1 731	125	33
辽　宁	0.0	483	590	71	4
吉　林	0.0	632	468	79	13
黑龙江	0.0	456	246	34	10
上　海	0.0	223	507	213	0
江　苏	18.3	3 189	2 125	698	66
浙　江	683.0	3 886	2 983	1 070	22
安　徽	1.2	5 362	3 292	828	80
福　建	0.0	2 932	1 187	616	347
江　西	29.3	5 966	3 401	1 140	161
山　东	16.6	5 582	3 415	1 664	131
河　南	0.0	6 425	5 205	1 329	133
湖　北	42.4	11 657	6 489	1 411	146
湖　南	2 992.0	16 120	8 344	2 790	607
广　东	54.8	3 815	1 918	298	608
广　西	0.0	4 508	2 199	462	67
海　南	23.0	352	94	72	6
重　庆	0.0	2 513	1 719	760	24
四　川	215.5	8 660	5 949	2 070	356
贵　州	54.6	6 881	1 975	775	217
云　南	0.0	6 122	1 493	277	100
西　藏	28.6	1 723	77	110	480
陕　西	0.3	4 677	2 683	414	188
甘　肃	0.0	4 356	1 231	309	88
青　海	0.0	541	79	33	15
宁　夏	0.0	1 471	237	63	9
新　疆	0.0	1 649	310	197	876

表 2-4　各地区农民专业合作社盈余及其分配情况

地区	(一) 农民专业合作社经营收入/万元	(二) 农民专业合作社上缴的税金总额/万元	(三) 农民专业合作社盈余/万元	(四) 农民专业合作社可分配盈余/万元
全　国	**62 433 251.8**	**199 690.1**	**12 142 551.0**	**8 741 083.4**
北　京	327 759.0	273.5	37 055.3	32 540.6
天　津	185 300.5	381.0	29 474.5	19 456.3
河　北	2 509 270.8	8 039.0	464 765.9	330 031.6
山　西	530 220.1	2 406.9	154 855.6	105 317.0
内蒙古	589 226.4	639.2	190 084.1	130 375.0
辽　宁	625 758.7	615.3	152 217.6	97 746.2
吉　林	601 212.6	862.8	192 932.5	146 326.3
黑龙江	1 263 889.0	144.7	311 216.9	252 989.8
上　海	881 153.0	0.0	42 944.0	31 639.0
江　苏	5 739 930.2	34 131.4	1 130 948.1	812 837.3
浙　江	2 791 130.3	9 051.8	629 679.0	425 889.9
安　徽	5 863 525.9	7 468.8	825 765.9	594 247.1
福　建	1 046 905.6	3 980.4	226 471.1	182 241.5
江　西	1 846 476.1	8 216.0	473 349.2	344 648.6
山　东	8 043 791.2	24 309.3	1 625 274.9	1 165 855.6
河　南	3 947 662.7	7 426.7	821 290.1	663 843.6
湖　北	4 309 092.2	27 459.1	921 271.7	723 799.4
湖　南	3 932 957.0	27 493.8	895 324.8	621 899.0
广　东	5 159 571.6	4 618.9	248 812.3	147 918.4
广　西	1 035 547.4	2 285.0	238 604.1	149 131.5
海　南	41 823.7	436.2	16 856.0	12 474.5
重　庆	1 115 013.5	470.9	186 874.3	128 272.8
四　川	3 753 348.5	4 071.8	767 632.6	583 081.6
贵　州	1 124 729.6	4 108.4	312 762.4	198 785.9
云　南	1 590 481.0	3 526.4	359 765.7	276 543.7
西　藏	181 589.1	1 548.3	90 453.9	65 175.7
陕　西	984 291.6	7 858.5	252 003.3	158 530.0
甘　肃	1 042 095.1	4 679.8	241 959.0	140 937.3
青　海	131 004.3	385.5	47 255.7	34 836.4
宁　夏	339 927.0	0.0	84 475.4	67 517.3
新　疆	898 567.8	2 800.6	170 175.3	96 194.4

（续）

地区	1.按交易量返还成员总额/万元	2.按股分红总额/万元	（五）可分配盈余按交易量返还成员的合作社数/个	60%以上可分配盈余按交易量返还成员的合作社数/个	（六）提留公积金、公益金或风险金的合作社数/个
全 国	4 976 139.1	2 164 953.1	441 765	353 085	272 403
北 京	12 667.1	5 072.3	431	373	3 527
天 津	9 017.8	4 447.9	1 384	535	1 487
河 北	189 087.5	113 787.3	25 186	21 535	13 944
山 西	50 688.0	28 160.7	9 535	7 328	5 052
内蒙古	54 656.2	35 346.1	6 555	3 304	2 616
辽 宁	49 528.9	28 440.1	4 034	2 814	1 953
吉 林	55 662.9	47 231.0	5 452	4 087	3 098
黑龙江	119 619.2	93 031.0	5 652	4 024	2 926
上 海	11 762.0	5 661.0	1 305	433	932
江 苏	472 814.2	251 304.8	16 579	13 196	11 717
浙 江	263 684.5	94 010.9	9 692	7 485	5 376
安 徽	373 682.5	97 903.3	30 173	20 944	17 921
福 建	104 414.4	49 969.1	8 507	7 246	6 145
江 西	188 089.2	98 462.4	24 508	23 683	16 264
山 东	776 636.9	220 765.0	61 742	53 041	42 445
河 南	358 441.0	154 218.1	57 092	47 979	38 929
湖 北	427 768.2	210 394.8	30 777	22 257	18 512
湖 南	336 104.9	153 255.9	35 178	29 465	23 723
广 东	60 038.8	23 822.6	5 751	3 984	1 483
广 西	68 037.1	35 475.0	9 387	6 255	3 633
海 南	5 228.1	2 371.9	247	203	126
重 庆	70 419.1	28 353.7	7 110	4 839	3 880
四 川	358 906.1	140 783.2	33 082	30 064	17 243
贵 州	88 849.8	73 575.4	9 099	5 997	3 489
云 南	166 966.1	39 126.9	11 630	7 117	3 917
西 藏	43 636.9	17 004.3	631	737	547
陕 西	90 785.0	28 781.1	9 186	6 834	4 773
甘 肃	62 914.9	38 248.8	13 219	10 547	10 771
青 海	14 377.7	12 354.8	2 710	2 283	2 186
宁 夏	46 343.9	6 680.4	2 658	2 167	1 377
新 疆	45 310.3	26 913.3	3 273	2 329	2 411

表 2-5　各地区扶持农民专业合作社发展情况

地区	(一) 当年获得财政扶持资金的合作社数/个	(二) 当年财政扶持资金总额/万元	(三) 当年承担国家财政项目的合作社数/个	当年承担国家涉农项目的合作社数 (个)	(四) 当年贷款余额/万元
全　国	**36 232**	**531 468.9**	**12 904**	**11 062**	**980 699.7**
北　京	116	7 553.2	14	14	53 379.6
天　津	82	1 848.1	15	15	2 472.1
河　北	736	18 153.4	484	469	19 858.6
山　西	611	10 126.9	156	142	1 898.0
内蒙古	53	12 516.0	0	0	12 203.0
辽　宁	318	3 147.1	422	383	5 375.0
吉　林	721	6 975.8	580	578	4 811.5
黑龙江	33	1 217.6	10	7	5 775.2
上　海	588	7 400.0	70	0	190 000.0
江　苏	1 187	27 850.4	332	272	60 777.8
浙　江	1 405	24 456.2	79	70	54 246.2
安　徽	3 904	32 535.4	967	715	77 874.3
福　建	766	11 133.5	106	104	8 987.6
江　西	1 184	9 894.5	347	290	21 516.7
山　东	1 240	14 835.8	661	644	32 607.4
河　南	1 601	15 944.6	564	564	29 740.0
湖　北	3 564	35 682.6	1 569	1 103	132 552.1
湖　南	4 997	34 983.0	702	517	57 118.6
广　东	586	7 723.0	374	144	3 743.2
广　西	766	10 517.7	99	95	8 385.7
海　南	143	9 624.6	28	23	1 382.0
重　庆	1 212	27 276.2	448	431	18 820.1
四　川	2 708	52 381.1	1 730	1 697	69 318.7
贵　州	2 155	55 007.3	1 006	866	35 795.6
云　南	719	8 114.9	155	130	9 319.9
西　藏	324	16 304.6	96	64	6 814.0
陕　西	1 509	28 705.8	558	488	14 806.3
甘　肃	1 621	18 644.8	275	202	8 672.3
青　海	112	2 403.0	48	48	4 323.0
宁　夏	709	7 051.0	636	636	10 487.9
新　疆	562	11 461.0	373	351	17 637.5

表 2-6　各地区农民专业合作社联合社基本情况

地区	(一) 农民专业合作社联合社数/个	(二) 农民专业合作社联合社成员数/个	(三) 农民专业合作社联合社盈余及其分配情况	
			1. 农民专业合作社联合社经营收入/万元	2. 农民专业合作社联合社盈余/万元
全　国	**14 768**	**168 511**	**1 676 550.6**	**302 840.4**
北　京	67	489	8 306.4	566.8
天　津	45	244	7 034.2	929.7
河　北	725	10 918	38 335.7	9 645.7
山　西	314	4 537	17 282.1	3 422.2
内蒙古	122	1 214	16 225.7	3 737.5
辽　宁	111	862	3 277.7	778.2
吉　林	429	5 058	11 718.1	2 209.5
黑龙江	371	2 895	4 206.1	1 727.4
上　海	0	0	0.0	0.0
江　苏	505	5 324	175 718.4	31 294.3
浙　江	300	4 253	61 628.9	11 524.3
安　徽	411	2 405	85 630.1	13 836.6
福　建	574	8 350	33 300.5	4 663.9
江　西	432	7 608	111 297.2	20 757.2
山　东	2 092	25 064	175 632.3	43 215.0
河　南	1 964	21 267	64 144.2	17 239.2
湖　北	626	12 046	169 707.1	31 073.7
湖　南	1 002	8 949	352 272.4	34 520.3
广　东	776	7 292	52 880.5	10 889.3
广　西	715	7 840	33 630.2	8 261.6
海　南	21	135	442.5	44.3
重　庆	290	4 551	10 965.8	2 648.3
四　川	679	4 618	61 777.1	12 305.1
贵　州	328	3 144	12 638.5	3 421.8
云　南	232	3 551	26 541.2	4 208.5
西　藏	35	269	1 748.1	845.1
陕　西	231	2 494	21 362.8	5 582.3
甘　肃	993	9 603	24 548.9	6 888.7
青　海	52	729	6 944.9	1 381.7
宁　夏	87	671	50 120.9	10 446.7
新　疆	239	2 131	37 232.5	4 775.7

（续）

地区	（三）农民专业合作社联合社盈余及其分配情况		
	3. 农民专业合作社联合社可分配盈余/万元	（1）按交易量返还成员总额/万元	（2）按股分红总额/万元
全　国	226 320.7	134 551.5	55 322.5
北　京	458.7	242.4	158.7
天　津	795.0	179.7	224.2
河　北	7 144.3	4 578.6	1 560.0
山　西	2 234.9	979.9	451.6
内蒙古	2 907.7	1 764.1	745.8
辽　宁	294.0	161.7	18.8
吉　林	1 871.1	628.7	827.2
黑龙江	1 474.1	807.2	576.9
上　海	0.0	0.0	0.0
江　苏	21 213.0	13 807.7	5 697.6
浙　江	8 531.2	6 202.5	1 055.4
安　徽	11 324.3	8 508.8	2 065.0
福　建	2 963.0	1 765.9	691.2
江　西	16 322.7	8 207.9	6 375.5
山　东	32 789.5	25 565.8	4 566.6
河　南	11 811.5	5 592.4	2 703.3
湖　北	23 497.5	15 692.4	5 737.7
湖　南	26 598.3	15 420.6	8 283.5
广　东	8 718.9	2 936.7	592.0
广　西	4 914.8	478.8	1 647.6
海　南	32.0	22.6	9.4
重　庆	1 767.2	1 181.4	264.3
四　川	10 326.5	6 143.6	2 317.0
贵　州	3 144.3	755.3	1 404.6
云　南	4 052.2	2 268.2	590.4
西　藏	803.1	18.0	212.3
陕　西	3 362.7	1 608.8	626.6
甘　肃	4 783.9	2 616.4	1 337.3
青　海	1 168.9	378.2	447.5
宁　夏	7 501.2	4 849.6	2 085.0
新　疆	3 514.1	1 187.8	2 049.3

表 2-7　各地区与农民专业合作社有关的其他情况

地区	（一）成立基层党组织的农民专业合作社数/个	（二）农民专业合作社成员中党员数/个	（三）农民专业合作社联合会数/个
全　国	49 963	782 300	1 884
北　京	113	3 630	9
天　津	39	2 427	0
河　北	3 553	31 556	140
山　西	474	13 344	8
内蒙古	119	2 947	0
辽　宁	404	9 812	11
吉　林	887	12 421	9
黑龙江	184	6 247	2
上　海	0	0	0
江　苏	970	46 842	128
浙　江	365	18 840	101
安　徽	1 632	29 881	36
福　建	312	11 731	49
江　西	1 103	18 303	127
山　东	14 530	159 969	157
河　南	2 606	28 079	240
湖　北	1 795	37 371	88
湖　南	3 672	77 693	308
广　东	491	8 340	115
广　西	1 014	11 911	63
海　南	61	2 509	17
重　庆	212	15 115	29
四　川	1 065	44 939	24
贵　州	7 444	51 518	26
云　南	1 883	48 291	25
西　藏	925	31 517	41
陕　西	1 043	19 766	33
甘　肃	2 339	23 884	76
青　海	30	3 237	4
宁　夏	53	463	0
新　疆	645	9 717	18

表 3　全国农业社会化服务发展情况

指标名称	代码	计量单位	数量	比上年增长 /%
一、农民专业合作社开展农业社会化服务情况				
（一）开展农业社会化服务的农民专业合作社数量	1	个	341 734	1.6
（二）从业人员数	2	人	4 179 151	0.7
（三）服务营业收入	3	万元	8 086 020.4	1.1
其中：服务小农户的营业收入	4	万元	5 014 607.1	3.5
（四）服务对象数量	5	个（户）	45 838 686	3.1
其中：服务小农户的数量	6	户	39 341 578	2.5
二、农村集体经济组织开展农业社会化服务情况				
（一）开展农业社会化服务的农村集体经济组织数量	7	个	78 172	4.3
（二）从业人员数	8	人	1 237 527	−6.9
（三）服务营业收入	9	万元	938 313.5	4.9
其中：服务小农户的营业收入	10	万元	556 851.2	8.0
（四）服务对象数量	11	个（户）	11 166 328	2.1
其中：服务小农户的数量	12	户	9 258 182	3.6
三、企业开展农业社会化服务情况				
（一）开展农业社会化服务的企业数量	13	个	43 901	4.0
（二）从业人员数	14	人	703 914	1.9
（三）服务营业收入	15	万元	5 274 050.9	1.4
其中：服务小农户的营业收入	16	万元	2 547 201.5	11.7
（四）服务对象数量	17	个（户）	19 283 451	−2.1
其中：服务小农户的数量	18	户	16 225 275	−1.3
四、农业服务专业户开展农业社会化服务情况				
（一）开展农业社会化服务的农业服务专业户数量	19	个	573 879	2.2
（二）从业人员数	20	人	1 520 049	0.6
（三）服务营业收入	21	万元	3 250 151.6	−2.0
其中：服务小农户的营业收入	22	万元	2 195 961.8	3.5
（四）服务对象数量	23	个（户）	25 323 649	3.3
其中：服务小农户的数量	24	户	22 348 989	4.0
五、供销合作社开展农业社会化服务情况				
（一）开展农业社会化服务的供销合作社数量	25	个	11 123	—
（二）从业人员数	26	人	65 255	—
（三）服务营业收入	27	万元	451 253.3	—

（续）

指标名称	代码	计量单位	数量	比上年增长/%
其中：服务小农户的营业收入	28	万元	235 169.2	—
（四）服务对象数量	29	个（户）	3 599 455	—
其中：服务小农户的数量	30	户	3 143 248	—
六、服务协会开展农业社会化服务情况				
（一）开展农业社会化服务的服务协会数量	31	个	8 155	—
（二）从业人员数	32	人	39 172	—
（三）服务营业收入	33	万元	90 629.6	—
其中：服务小农户的营业收入	34	万元	75 447.1	—
（四）服务对象数量	35	个（户）	1 000 864	—
其中：服务小农户的数量	36	户	813 235	—
七、其他服务组织开展农业社会化服务情况				
（一）开展农业社会化服务的其他服务组织数量	37	个	36 689	—
（二）从业人员数	38	人	159 615	—
（三）服务营业收入	39	万元	425 501.1	—
其中：服务小农户的营业收入	40	万元	269 824.9	—
（四）服务对象数量	41	个（户）	3 190 922	—
其中：服务小农户的数量	42	户	2 995 564	—
八、农业生产托管服务情况				
（一）农业生产托管服务面积	43	亩次	2 143 272 846.5	8.6
其中：1. 耕	44	亩次	579 399 741.9	6.9
其中：服务粮食作物的面积	45	亩次	426 454 816.5	7.8
小农户托管的面积	46	亩次	370 943 807.1	4.2
2. 种	47	亩次	482 099 883.5	7.6
其中：服务粮食作物的面积	48	亩次	360 593 873.3	9.7
小农户托管的面积	49	亩次	322 779 527.8	5.2
3. 防	50	亩次	497 514 118.4	12.3
其中：服务粮食作物的面积	51	亩次	374 795 799.0	13.2
小农户托管的面积	52	亩次	315 657 674.9	9.9
4. 收	53	亩次	584 259 102.7	7.9
其中：服务粮食作物的面积	54	亩次	448 813 621.8	8.5
小农户托管的面积	55	亩次	394 740 972.1	4.4
（二）农业生产托管服务对象数量	56	个（户）	57 127 599	7.6
其中：服务小农户数量	57	户	51 291 082	7.3

表 3-1　各地区农民专业合作社开展农业社会化服务情况

地区	(一) 开展农业社会化服务的农民专业合作社数量/个	(二) 从业人员数/人	(三) 服务营业收入/万元	服务小农户的营业收入/万元	(四) 服务对象数量/个 (户)	服务小农户的数量/户
全　国	341 734	4 179 151	8 086 020.4	5 014 607.1	45 838 686	39 341 578
北　京	637	4 970	36 192.3	35 745.4	102 087	101 663
天　津	708	6 093	13 603.0	6 569.3	130 005	102 036
河　北	16 508	189 994	310 285.8	194 843.0	4 386 268	3 898 593
山　西	17 081	130 935	146 738.2	102 109.5	1 518 534	1 249 430
内蒙古	8 858	61 762	247 839.9	186 490.8	664 420	573 867
辽　宁	9 906	88 734	181 150.5	134 233.0	835 274	779 088
吉　林	13 019	125 322	204 406.1	156 803.4	786 076	749 111
黑龙江	5 501	62 269	278 884.8	207 809.8	446 491	384 520
上　海	316	2 911	12 054.2	2 238.2	15 160	11 503
江　苏	11 232	330 105	454 024.7	205 376.9	2 058 002	1 686 575
浙　江	4 349	42 988	224 628.1	115 590.0	397 455	336 999
安　徽	22 331	209 360	841 165.5	476 455.8	4 105 524	3 673 852
福　建	1 562	16 033	70 184.6	44 334.4	193 001	188 813
江　西	13 012	127 998	238 554.3	139 541.2	1 477 642	1 158 146
山　东	37 368	398 481	839 941.7	594 848.6	6 415 285	5 669 941
河　南	50 196	480 222	610 544.6	337 499.4	6 066 844	5 409 538
湖　北	16 602	239 002	896 293.6	654 627.0	2 473 501	1 997 788
湖　南	35 708	661 086	920 820.5	554 538.3	3 804 814	3 088 982
广　东	10 044	107 978	347 190.9	105 907.4	506 070	415 120
广　西	8 210	103 071	128 075.1	75 989.4	1 148 518	929 910
海　南	1 802	16 113	15 060.7	8 622.5	47 564	43 287
重　庆	3 708	23 982	47 563.2	24 057.7	636 881	549 043
四　川	9 028	139 887	181 065.9	110 115.6	2 551 535	2 271 254
贵　州	6 092	90 945	102 707.1	51 871.9	1 241 358	835 269
云　南	5 223	72 016	193 832.6	147 878.0	953 345	845 483
西　藏	1 422	32 895	22 605.4	5 678.8	102 958	40 226
陕　西	14 595	213 069	194 272.5	122 842.3	1 035 598	825 660
甘　肃	10 446	144 774	120 770.1	72 653.9	699 537	618 647
青　海	893	6 201	12 474.7	14 237.4	118 386	98 474
宁　夏	570	4 606	29 072.8	20 387.1	194 390	176 509
新　疆	4 807	45 349	164 017.2	104 711.0	726 163	632 251

表3-2 各地区农村集体经济组织开展农业社会化服务情况

地区	(一) 开展农业社会化服务的农村集体经济组织数量/个	(二) 从业人员数/人	(三) 服务营业收入/万元	服务小农户的营业收入/万元	(四) 服务对象数量/个 (户)	服务小农户的数量/户
全 国	78 172	1 237 527	938 313.5	556 851.2	11 166 328	9 258 182
北 京	0	0	0.0	0.0	0	0
天 津	116	874	721.4	302.8	13 995	10 073
河 北	3 446	24 595	34 399.8	27 895.3	569 589	487 672
山 西	3 112	48 969	15 771.8	10 686.1	444 625	377 193
内蒙古	864	5 392	18 324.0	15 732.6	78 711	73 954
辽 宁	567	4 605	5 385.7	3 430.7	87 447	77 549
吉 林	344	3 016	7 904.3	3 712.9	35 526	28 568
黑龙江	843	6 962	29 660.0	21 781.4	118 588	102 463
上 海	0	0	0.0	0.0	0	0
江 苏	3 116	88 307	87 859.2	33 636.9	966 821	758 801
浙 江	692	8 853	14 543.1	7 752.7	119 372	99 476
安 徽	4 544	34 775	78 370.6	56 202.7	922 677	814 209
福 建	177	26 636	42 674.1	34 769.9	26 616	25 224
江 西	3 391	29 224	7 102.3	4 478.5	367 493	314 675
山 东	7 669	84 858	81 584.0	64 602.3	1 254 125	1 097 348
河 南	9 418	75 551	68 362.9	40 091.9	1 333 240	1 083 022
湖 北	2 087	13 078	51 185.8	37 754.7	238 455	204 362
湖 南	7 595	252 925	177 759.3	107 767.4	1 181 121	851 821
广 东	6 653	118 567	66 972.9	13 207.6	170 660	125 883
广 西	2 459	85 801	13 921.7	5 274.9	194 855	155 915
海 南	1 401	53 378	2 519.5	1 031.3	27 229	28 367
重 庆	2 150	16 766	16 539.2	11 282.9	342 485	307 799
四 川	3 212	34 340	22 954.3	13 346.0	694 458	597 801
贵 州	4 246	38 560	18 958.0	8 405.7	793 275	633 071
云 南	1 349	7 863	4 956.6	3 799.2	126 467	92 234
西 藏	512	10 940	4 414.8	1 854.2	24 784	22 621
陕 西	5 943	139 255	50 560.6	19 035.6	699 728	589 861
甘 肃	1 817	20 106	6 286.1	2 505.5	218 635	192 512
青 海	48	326	829.7	668.1	5 047	4 410
宁 夏	110	857	3 725.7	3 139.2	52 256	46 348
新 疆	291	2 148	4 066.1	2 702.4	58 048	54 950

表 3-3　各地区企业开展农业社会化服务情况

地区	(一) 开展农业社会化服务的企业数量/个	(二) 从业人员数/人	(三) 服务营业收入/万元	服务小农户的营业收入/万元	(四) 服务对象数量/个 (户)	服务小农户的数量/户
全　国	**43 901**	**703 914**	**5 274 050.9**	**2 547 201.5**	**19 283 451**	**16 225 275**
北　京	142	6 273	85 244.6	24 330.1	18 383	6 100
天　津	113	930	24 599.2	1 333.3	20 660	16 831
河　北	2 520	27 761	91 917.1	48 378.6	1 505 453	1 465 799
山　西	1 069	7 451	23 678.3	17 514.1	193 672	174 163
内蒙古	211	1 600	8 250.1	6 160.8	33 457	26 910
辽　宁	2 182	7 761	38 205.3	20 767.9	175 224	160 940
吉　林	346	3 950	59 901.8	24 730.9	147 098	135 674
黑龙江	1 193	5 631	103 122.6	43 448.2	66 289	59 098
上　海	88	472	5 859.6	3 086.6	12 635	11 316
江　苏	1 615	25 334	594 225.3	388 082.2	390 495	270 276
浙　江	1 319	11 879	163 464.1	33 001.2	238 097	189 739
安　徽	2 758	27 993	279 679.6	113 776.9	846 459	669 409
福　建	198	2 334	20 980.7	18 554.2	16 964	15 166
江　西	2 127	15 560	142 085.9	57 139.8	464 735	344 884
山　东	3 530	87 497	778 101.8	430 567.0	1 875 954	1 670 694
河　南	4 609	88 100	383 244.8	154 497.7	7 508 701	6 485 053
湖　北	1 436	24 696	131 095.2	92 291.3	393 512	293 509
湖　南	3 671	96 582	267 058.6	137 458.9	998 395	630 392
广　东	2 755	21 475	349 250.7	93 595.2	462 420	376 793
广　西	1 477	91 201	743 383.1	223 712.9	576 440	449 835
海　南	323	11 327	21 436.2	17 528.8	27 354	27 607
重　庆	1 423	11 119	43 137.5	30 457.8	382 764	342 485
四　川	1 701	27 845	405 301.8	252 580.6	913 989	725 048
贵　州	1 629	20 694	62 409.3	21 178.7	354 512	278 944
云　南	1 536	19 627	147 484.2	101 103.3	417 664	375 419
西　藏	56	3 275	3 571.2	220.2	5 791	3 420
陕　西	2 880	30 450	138 672.2	86 180.5	515 927	362 095
甘　肃	492	16 902	79 537.1	50 596.3	160 303	138 892
青　海	48	1 009	16 207.4	14 803.3	211 293	199 419
宁　夏	299	2 879	26 787.5	19 191.4	181 230	167 660
新　疆	155	4 307	36 157.9	20 932.9	167 581	151 705

表 3-4　各地区各类农业服务专业户开展农业社会化服务情况

地区	(一) 开展农业社会化服务的农业服务专业户数量/个	(二) 从业人员数/人	(三) 服务营业收入/万元	服务小农户的营业收入/万元	(四) 服务对象数量/个 (户)	服务小农户的数量/户
全　国	573 879	1 520 049	3 250 151.6	2 195 961.8	25 323 649	22 348 989
北　京	0	0	0.0	0.0	0	0
天　津	3 642	6 668	13 545.8	8 203.2	146 504	138 138
河　北	45 840	89 457	217 793.2	167 493.4	2 901 757	2 738 089
山　西	20 884	41 033	84 519.9	72 817.1	1 058 533	1 007 710
内蒙古	9 559	18 909	69 665.4	58 160.9	265 000	215 745
辽　宁	17 318	35 908	80 603.1	65 469.6	623 930	585 829
吉　林	17 578	51 644	108 785.4	89 135.4	320 521	308 144
黑龙江	30 354	66 678	142 644.0	111 625.8	415 372	382 295
上　海	511	858	2 077.7	612.4	6 005	5 087
江　苏	69 492	134 037	221 242.4	124 354.6	2 313 408	1 985 561
浙　江	2 997	7 009	44 102.3	24 348.5	197 869	173 454
安　徽	24 061	57 982	222 977.2	115 488.6	1 524 549	1 298 183
福　建	1 500	7 113	17 314.6	16 626.9	77 644	72 273
江　西	12 764	38 998	85 948.0	52 754.1	587 758	572 306
山　东	72 961	195 706	470 080.6	389 027.9	3 941 951	3 584 885
河　南	60 328	202 662	291 169.0	193 293.1	3 102 070	2 682 987
湖　北	13 746	49 095	179 050.8	130 420.0	863 717	703 804
湖　南	42 602	243 765	452 500.8	210 263.3	1 562 750	1 079 576
广　东	16 196	29 957	72 279.2	51 539.8	533 161	497 291
广　西	35 738	55 051	99 575.7	43 650.8	573 346	537 937
海　南	1 396	5 090	2 327.0	1 796.3	35 191	27 673
重　庆	3 651	7 784	14 069.5	10 809.4	205 772	163 619
四　川	16 472	47 718	54 363.5	36 646.8	1 119 730	939 875
贵　州	10 355	37 686	31 285.8	18 168.3	667 795	550 334
云　南	13 281	25 938	108 706.8	90 931.5	1 264 442	1 161 738
西　藏	741	4 073	428.4	190.7	4 433	2 933
陕　西	11 549	25 360	46 989.7	24 395.8	305 048	277 406
甘　肃	7 279	12 872	44 918.0	39 239.2	216 088	203 247
青　海	1 132	1 548	3 780.1	3 686.6	151 071	151 046
宁　夏	375	1 273	13 612.1	10 142.9	121 200	117 276
新　疆	9 577	18 177	53 795.5	34 669.2	217 034	184 548

表 3-5　各地区供销合作社开展农业社会化服务情况

地区	(一) 开展农业社会化服务的供销合作社数量/个	(二) 从业人员数/人	(三) 服务营业收入/万元	服务小农户的营业收入/万元	(四) 服务对象数量/个 (户)	服务小农户的数量/户
全　国	11 123	65 255	451 253.3	235 169.2	3 599 455	3 143 248
北　京	69	3 369	4 000.0	3 200.0	7 940	6 352
天　津	1	11	3 150.0	171.0	441	310
河　北	214	1 149	5 612.9	2 325.2	536 421	467 582
山　西	300	1 315	1 789.2	1 683.1	35 115	33 127
内蒙古	12	47	132.0	11.5	84	15
辽　宁	98	525	1 557.8	1 301.3	15 042	14 194
吉　林	15	66	372.6	351.8	1 104	1 090
黑龙江	51	142	1 016.2	920.8	3 090	2 879
上　海	1	8	116.8	24.0	460	280
江　苏	351	2 468	18 025.0	10 908.2	149 609	135 615
浙　江	504	1 121	84 820.7	5 790.1	61 638	54 790
安　徽	507	3 961	26 750.8	16 973.1	301 872	255 205
福　建	46	235	224.8	191.8	1 358	1 140
江　西	456	1 210	10 691.0	6 361.7	62 018	49 921
山　东	709	6 791	48 443.1	36 019.6	377 357	349 722
河　南	653	4 823	61 939.0	32 162.4	302 638	285 773
湖　北	564	3 765	28 621.6	21 994.7	98 937	77 737
湖　南	1 011	9 503	20 047.2	11 871.9	193 980	145 430
广　东	3 340	11 043	18 800.9	13 110.9	146 065	127 745
广　西	302	1 311	2 838.9	2 748.9	127 753	123 843
海　南	9	364	21.3	7.1	1 987	1 896
重　庆	461	3 571	7 391.0	5 220.8	196 868	180 081
四　川	401	3 305	12 682.6	9 598.1	285 003	268 561
贵　州	300	1 402	18 583.1	12 527.1	376 459	288 975
云　南	358	753	24 020.9	16 581.7	189 249	167 468
西　藏	124	935	2 287.4	236.0	3 877	2 520
陕　西	52	438	7 005.9	5 108.0	13 308	10 868
甘　肃	49	281	3 093.7	2 648.1	18 653	17 794
青　海	34	473	5 748.3	4 773.8	27 965	27 619
宁　夏	57	536	25 411.7	7 810.2	45 219	30 865
新　疆	74	334	6 057.0	2 536.5	17 945	13 851

表 3-6 各地区服务协会开展农业社会化服务情况

地区	(一) 开展农业社会化服务的服务协会数量/个	(二) 从业人员数/人	(三) 服务营业收入/万元	服务小农户的营业收入/万元	(四) 服务对象数量/个 (户)	服务小农户的数量/户
全　国	8 155	39 172	90 629.6	75 447.1	1 000 864	813 235
北　京	6	35	120.0	0.0	583	0
天　津	0	0	0.0	0.0	0	0
河　北	46	282	382.3	204.7	22 794	19 146
山　西	16	911	1 964.1	1 755.8	12 551	12 453
内蒙古	7	43	78.0	59.0	1 492	1 422
辽　宁	7	19	32.0	32.0	360 030	35 030
吉　林	22	158	317.5	317.5	1 016	997
黑龙江	0	0	0.0	0.0	0	0
上　海	0	0	0.0	0.0	0	0
江　苏	164	1 088	49 394.3	46 241.1	191 390	182 905
浙　江	23	224	393.5	290.2	6 980	6 399
安　徽	43	635	1 085.3	772.3	48 630	43 647
福　建	14	288	9.5	9.5	215	208
江　西	78	581	928.6	700.9	12 209	11 980
山　东	179	3 791	6 307.1	3 693.6	57 877	42 687
河　南	90	571	1 185.8	791.9	27 103	22 790
湖　北	320	7 804	13 591.4	10 233.3	28 404	25 041
湖　南	1 086	8 824	835.5	367.6	117 966	307 292
广　东	3 807	9 869	7 487.1	5 674.8	34 016	30 946
广　西	38	1 189	1 016.6	689.9	21 027	17 171
海　南	18	52	108.6	0.0	57	4
重　庆	66	429	635.7	378.7	5 147	4 036
四　川	2 028	899	632.0	419.0	29 796	28 628
贵　州	20	282	1 165.6	1 161.3	7 104	8 362
云　南	50	906	1 348.2	755.3	7 299	6 206
西　藏	0	0	0.0	0.0	0	0
陕　西	5	91	128.2	95.6	576	492
甘　肃	4	42	3.9	3.9	347	248
青　海	0	0	0.0	0.0	0	0
宁　夏	0	0	0.0	0.0	0	0
新　疆	18	159	1 479.0	799.4	6 255	5 145

表 3-7 各地区其他服务组织开展农业社会化服务情况

地区	(一) 开展农业社会化服务的其他服务组织数量/个	(二) 从业人员数/人	(三) 服务营业收入/万元	服务小农户的营业收入/万元	(四) 服务对象数量/个(户)	服务小农户的数量/户
全 国	**36 689**	**159 615**	**425 501.1**	**269 824.9**	**3 190 922**	**2 995 564**
北 京	3 466	3 510	752.0	752.0	31 500	31 500
天 津	51	113	416.1	244.7	15 852	15 226
河 北	1 209	3 980	11 247.4	9 932.2	167 686	158 553
山 西	1 599	4 599	5 411.7	4 327.5	112 910	104 858
内蒙古	251	605	4 882.8	4 162.6	27 611	25 539
辽 宁	1 250	3 409	9 030.2	5 499.1	68 602	65 517
吉 林	1 457	6 456	39 938.9	9 588.4	42 762	37 887
黑龙江	1 583	3 584	8 575.0	7 221.0	25 436	23 858
上 海	3	26	254.0	23.5	5 349	5 173
江 苏	3 612	7 905	19 154.4	9 584.4	146 605	107 477
浙 江	1 384	3 266	21 110.8	14 407.5	187 065	172 614
安 徽	2 489	14 492	78 378.2	36 832.4	278 208	225 967
福 建	544	1 840	5 295.7	3 331.1	33 973	28 869
江 西	582	1 967	2 408.4	1 224.0	21 900	18 723
山 东	3 015	11 518	37 624.6	29 525.2	398 596	356 726
河 南	1 879	6 319	7 892.0	6 356.6	163 534	150 943
湖 北	985	12 674	33 013.7	18 856.0	84 915	64 342
湖 南	1 015	7 870	23 403.6	18 524.3	121 652	259 966
广 东	1 542	19 599	33 178.9	19 382.8	285 122	271 160
广 西	459	1 971	2 369.1	1 859.2	55 982	52 576
海 南	0	0	0.0	0.0	0	0
重 庆	3 364	9 538	7 094.6	5 179.9	158 900	105 802
四 川	1 129	6 385	7 293.5	5 461.2	273 020	259 908
贵 州	656	841	390.5	346.0	59 449	49 129
云 南	2 351	7 044	45 798.1	40 439.6	256 038	243 309
西 藏	10	55	211.6	210.6	848	845
陕 西	52	204	148.8	122.2	11 983	10 556
甘 肃	218	2 662	2 733.5	2 030.9	89 760	86 822
青 海	303	16 194	10 405.6	9 578.2	21 100	20 911
宁 夏	122	643	6 031.7	4 138.9	35 990	32 519
新 疆	109	346	1 055.7	682.6	8 574	8 289

表 3-8　各地区农业生产托管服务情况

地区	(一) 农业生产托管服务面积/亩次	1. 耕/亩次	(1) 服务粮食作物的面积/亩次	(2) 小农户托管的面积/亩次	2. 种/亩次
全　国	2 143 272 846.5	579 399 741.9	426 454 816.5	370 943 807.1	482 099 883.5
北　京	1 905 662.7	368 399.9	368 399.9	47 542.0	351 120.1
天　津	11 992 022.1	3 108 395.3	2 725 392.2	2 008 318.2	3 187 287.2
河　北	230 331 326.8	58 297 763.0	43 764 121.4	37 204 217.3	56 573 441.4
山　西	105 650 311.5	36 468 201.3	22 363 992.7	27 726 711.7	27 853 093.1
内蒙古	133 524 345.0	37 478 737.0	26 612 346.0	21 330 789.0	30 382 939.0
辽　宁	59 243 460.4	18 528 486.4	11 336 241.2	14 193 144.8	15 873 489.2
吉　林	90 877 741.4	24 233 866.5	17 561 666.0	14 167 999.4	20 551 328.9
黑龙江	164 432 322.7	41 692 119.1	36 324 234.2	28 162 277.2	37 296 211.2
上　海	2 893 622.7	765 350.6	594 684.8	102 661.4	640 122.9
江　苏	73 331 749.5	19 863 771.1	14 463 151.8	9 009 812.4	16 426 200.1
浙　江	17 159 067.8	4 463 040.9	3 158 581.5	1 295 175.0	2 680 038.5
安　徽	251 527 174.0	60 435 757.0	48 474 087.0	41 751 665.0	53 091 972.0
福　建	4 883 081.4	1 283 364.3	953 334.3	762 816.1	498 771.8
江　西	61 544 098.3	13 738 583.6	9 036 606.0	7 668 386.2	8 822 024.9
山　东	249 700 027.0	59 136 505.8	47 328 967.1	41 521 551.6	64 642 869.3
河　南	228 259 721.6	54 813 130.2	43 023 735.3	35 082 196.4	59 038 141.7
湖　北	79 088 915.8	21 280 864.8	15 468 422.6	15 302 449.7	17 103 771.0
湖　南	68 109 720.3	21 434 417.1	23 884 833.4	10 638 414.5	11 851 465.5
广　东	38 007 683.0	12 962 476.1	8 588 439.9	7 565 348.5	4 734 624.9
广　西	14 240 930.3	6 261 241.9	2 043 955.7	2 249 382.9	1 521 084.5
海　南	565 742.5	188 585.2	13 201.2	55 094.0	70 159.3
重　庆	11 918 646.0	3 565 728.5	1 952 061.7	2 304 991.2	1 630 102.5
四　川	45 046 664.0	11 811 563.5	6 999 624.7	7 193 110.9	6 814 909.3
贵　州	9 408 665.3	3 410 292.4	1 632 346.6	1 665 912.1	1 302 898.2
云　南	9 794 418.0	3 586 226.0	1 768 678.0	2 701 800.0	1 506 128.0
西　藏	2 077 156.2	733 184.9	733 184.9	83 120.9	633 792.3
陕　西	57 458 680.1	16 639 468.5	14 207 872.9	11 677 316.7	10 666 340.6
甘　肃	36 270 501.0	15 805 720.0	4 298 357.0	11 411 089.0	7 309 792.0
青　海	5 280 518.9	1 539 353.0	447 599.2	1 375 177.5	1 129 439.9
宁　夏	19 544 197.4	7 894 128.1	6 929 746.8	5 019 004.3	4 046 685.9
新　疆	59 204 672.9	17 611 020.1	9 396 950.7	9 666 331.4	13 869 638.1

（续）

地区	（1）服务粮食作物的面积/亩次	（2）小农户托管的面积/亩次	3. 防/亩次	（1）服务粮食作物的面积/亩次	（2）小农户托管的面积/亩次
全　国	**360 593 873.3**	**322 779 527.8**	**497 514 118.4**	**374 795 799.0**	**315 657 674.9**
北　京	351 120.1	46 837.0	780 405.3	718 222.3	143 120.0
天　津	2 857 596.7	2 089 749.6	2 598 810.8	2 385 963.7	1 545 777.1
河　北	46 083 394.7	38 864 088.5	59 080 425.9	44 413 583.4	35 111 435.8
山　西	17 025 743.0	20 376 576.7	14 264 023.2	8 820 415.0	10 369 603.8
内蒙古	21 795 563.0	18 697 307.0	33 973 022.0	23 490 302.0	20 382 699.0
辽　宁	9 717 648.3	11 815 792.4	9 218 964.0	6 334 457.2	7 432 709.1
吉　林	15 926 807.7	12 541 999.3	17 325 381.6	13 342 076.9	10 295 203.2
黑龙江	32 381 546.4	26 414 008.2	37 329 199.5	34 155 408.8	24 969 303.8
上　海	540 354.9	79 254.2	837 354.0	763 736.6	120 906.0
江　苏	10 898 780.7	7 609 750.1	17 260 223.6	11 947 673.8	7 963 592.8
浙　江	1 997 482.1	693 670.7	5 655 265.2	4 618 719.6	1 059 454.2
安　徽	44 917 345.0	40 555 338.0	70 565 794.0	62 511 426.0	53 208 429.0
福　建	383 337.4	308 936.0	1 486 003.1	1 008 061.8	809 828.5
江　西	4 820 632.4	4 027 633.5	22 076 290.3	13 280 207.1	10 364 004.4
山　东	53 162 303.0	46 301 055.7	60 424 769.4	49 725 784.5	40 906 412.1
河　南	47 463 323.1	39 055 026.3	46 475 775.4	40 209 892.6	30 498 185.8
湖　北	12 988 131.1	13 468 430.3	18 481 561.0	14 293 181.7	13 490 796.7
湖　南	3 343 034.6	6 573 420.9	14 849 938.4	4 121 877.8	9 162 478.7
广　东	3 097 429.7	2 505 108.8	9 989 720.1	6 025 047.7	5 026 869.5
广　西	610 128.2	485 022.5	1 486 492.9	720 083.0	316 059.4
海　南	7 013.3	16 862.0	40 352.6	7 840.6	17 061.0
重　庆	959 190.1	898 549.6	2 887 118.5	1 443 670.6	1 576 307.3
四　川	3 596 462.1	3 900 709.9	13 011 092.0	6 018 186.6	7 885 137.0
贵　州	629 315.1	506 073.6	2 273 637.8	687 786.8	1 375 767.5
云　南	514 162.0	1 260 777.0	2 683 418.0	1 430 130.0	1 862 190.0
西　藏	633 792.3	53 373.5	205 591.4	205 591.4	13 390.0
陕　西	8 780 742.9	7 863 029.7	11 528 950.1	10 864 176.8	8 214 389.9
甘　肃	3 181 180.0	4 292 474.0	4 509 734.0	2 188 696.0	2 553 724.0
青　海	314 174.8	970 047.6	990 723.3	259 865.5	831 567.0
宁　夏	3 638 059.0	2 734 271.7	3 269 436.5	2 410 268.2	1 840 751.2
新　疆	7 978 079.5	7 774 353.8	11 954 644.4	6 393 465.3	6 310 521.1

（续）

地区	4.收/亩次	(1) 服务粮食作物的面积/亩次	(2) 小农户托管的面积/亩次	(二) 农业生产托管服务对象数量/个（户）	服务小农户数量/户
全 国	584 259 102.7	448 813 621.8	394 740 972.1	57 127 599	51 291 082
北 京	405 737.4	405 737.4	0.0	1 111	705
天 津	3 097 528.8	2 793 622.9	2 002 175.9	274 068	258 909
河 北	56 379 696.5	45 051 544.1	38 906 499.6	8 055 048	7 618 845
山 西	27 064 993.8	16 934 458.4	19 342 566.8	1 868 809	1 782 691
内蒙古	31 689 647.0	21 996 519.0	20 191 092.0	750 371	626 974
辽 宁	15 622 520.9	10 123 244.5	12 222 419.0	852 929	796 513
吉 林	28 767 164.5	20 939 685.4	17 092 684.0	838 518	802 815
黑龙江	48 114 792.9	41 452 589.7	33 934 814.6	770 287	692 896
上 海	650 795.1	540 913.7	80 791.9	23 206	19 858
江 苏	19 781 554.7	14 143 488.8	10 114 205.9	1 956 192	1 589 142
浙 江	4 360 723.2	3 286 443.2	1 264 604.1	305 809	247 681
安 徽	67 433 651.0	52 882 332.0	49 593 109.0	5 313 974	4 963 090
福 建	1 614 942.2	1 328 399.0	1 047 544.9	225 740	195 166
江 西	16 907 199.5	11 809 272.7	9 903 340.8	1 907 828	1 507 650
山 东	65 495 882.5	54 444 366.7	47 800 112.3	10 083 751	9 272 354
河 南	67 932 674.3	53 767 861.5	46 282 377.2	8 570 364	7 803 745
湖 北	22 222 719.0	16 758 479.9	16 973 888.9	4 235 598	3 378 655
湖 南	19 973 899.2	23 967 762.4	12 752 203.8	1 695 254	1 362 236
广 东	10 320 861.9	7 802 486.2	6 494 273.5	1 143 703	1 054 508
广 西	4 972 110.9	2 264 183.1	2 432 032.0	584 861	547 433
海 南	266 645.4	52 730.4	116 840.0	17 846	18 906
重 庆	3 835 696.4	2 653 417.2	2 718 208.3	1 190 846	1 094 824
四 川	13 409 099.3	7 676 517.2	8 166 207.4	2 791 255	2 375 710
贵 州	2 421 836.9	1 242 077.6	1 221 829.0	773 273	691 723
云 南	2 018 646.0	882 264.0	1 628 465.0	632 857	590 447
西 藏	504 587.6	504 587.6	54 485.2	25 680	24 055
陕 西	18 623 920.9	16 382 662.2	15 065 338.5	460 523	374 252
甘 肃	8 645 255.0	4 050 153.0	4 861 174.0	572 085	537 774
青 海	1 621 002.6	320 287.5	1 276 664.4	95 831	81 091
宁 夏	4 333 946.9	3 547 200.8	2 871 894.6	354 716	328 594
新 疆	15 769 370.3	8 808 333.8	8 329 129.7	755 266	651 840

表 4　全国农村宅基地情况

指标名称	代码	计量单位	数量	比上年增长 /%
一、基本情况				
（一）宅基地宗数	1	宗	267 619 460	−0.07
（二）占用一处宅基地的农户数	2	户	213 436 726	0.80
（三）占用两处及以上宅基地的农户数	3	户	16 785 469	−1.33
（四）非本集体成员占用的宅基地宗数	4	宗	3 013 896	1.20
二、管理情况				
（一）审批宅基地				
1. 宗数	5	宗	1 183 271	16.15
2. 面积	6	亩	261 757.02	13.88
其中：农用地转用				
（1）宗数	7	宗	138 464	43.82
（2）面积	8	亩	30 463.37	27.62
（二）征收宅基地				
1. 宗数	9	宗	437 023	−38.25
2. 面积	10	亩	158 383.19	−38.06

表 4-1　各地区基本情况

地区	（一）宅基地宗数/宗	（二）占用一处宅基地的农户数/户	（三）占用两处及以上宅基地的农户数/户	（四）非本集体成员占用的宅基地宗数/宗
全　国	267 619 460	213 436 726	16 785 469	3 013 896
北　京	990 287	858 132	38 069	32 528
天　津	1 080 912	890 562	74 306	18 529
河　北	17 583 849	12 827 578	2 191 171	123 078
山　西	7 289 746	5 607 536	477 102	154 873
内蒙古	4 103 377	3 416 311	158 539	77 362
辽　宁	5 659 981	4 776 679	135 800	100 050
吉　林	3 582 224	3 285 452	94 681	145 942
黑龙江	4 280 156	3 753 586	200 685	88 822
上　海	781 574	757 158	15 021	10 001
江　苏	12 814 399	11 220 049	615 600	167 370
浙　江	11 136 411	8 433 941	1 080 258	204 420
安　徽	14 107 281	11 693 188	813 874	138 273
福　建	6 597 406	3 574 042	344 733	44 114
江　西	9 693 276	7 105 060	640 737	234 078
山　东	27 712 719	20 525 550	2 123 358	231 176
河　南	23 445 585	19 454 919	1 633 525	115 631
湖　北	11 980 754	9 207 952	649 202	168 754
湖　南	13 864 735	12 064 839	448 317	52 461
广　东	17 634 400	9 912 400	1 770 300	318 100
广　西	10 839 563	8 690 993	864 114	96 585
海　南	1 526 705	694 660	51 264	21 128
重　庆	6 736 716	6 093 275	238 290	52 730
四　川	18 614 963	17 176 028	496 732	103 093
贵　州	7 728 964	6 683 887	522 864	57 083
云　南	10 301 163	9 115 476	502 612	53 399
陕　西	7 696 330	6 921 757	353 659	34 617
甘　肃	4 836 772	4 345 217	89 312	14 438
青　海	824 002	739 543	28 233	11 317
宁　夏	992 279	868 926	20 822	62 362
新　疆	3 182 931	2 742 030	112 289	81 582

表 4-2　各地区管理情况

地区	(一) 审批宅基地宗数/宗	审批宅基地面积/亩	农用地转用宗数/宗	农用地转用面积/亩	(二) 征收宅基地宗数/宗	征收宅基地面积/亩
全　国	1 183 271	261 757.02	138 464	30 463.37	437 023	158 383.19
北　京	23 712	8 009.62	2	1.55	1 385	568.67
天　津	117	43.88	0	0.00	3	1.37
河　北	10 206	4 177.55	45	13.04	14 758	7 543.48
山　西	721	222.80	76	22.95	1 374	662.71
内蒙古	6 088	4 532.00	741	742.00	2 776	1 615.00
辽　宁	2 313	918.64	0	0.00	9 223	5 152.96
吉　林	2 854	1 239.69	46	21.25	5 708	3 038.79
黑龙江	1 620	756.74	5	1.08	1 295	575.23
上　海	3 026	790.89	41	32.06	8 598	2 495.68
江　苏	42 561	10 486.74	1 951	591.59	53 083	28 390.35
浙　江	73 079	13 032.18	24 674	4 229.80	37 019	10 060.24
安　徽	55 317	14 271.30	2 360	621.89	37 379	12 743.18
福　建	39 409	5 802.34	1 804	243.23	16 327	3 134.05
江　西	57 501	9 698.53	7 675	1 274.00	22 733	5 271.64
山　东	35 094	11 125.47	767	289.12	35 008	11 040.49
河　南	83 199	21 338.05	6 702	1 627.36	25 719	10 485.00
湖　北	36 460	7 727.16	3 725	729.86	22 624	8 828.21
湖　南	90 417	20 168.06	10 373	2 371.62	20 421	10 138.55
广　东	88 500	13 700.00	7 500	1 100.00	39 900	9 500.00
广　西	80 588	13 070.13	9 985	2 184.32	4 502	538.13
海　南	38 007	6 462.85	2 420	138.86	0	0.00
重　庆	56 536	9 758.21	11 821	1 829.01	15 872	3 902.95
四　川	137 585	25 081.89	13 040	2 302.05	28 997	8 683.50
贵　州	81 172	17 241.77	16 807	3 655.26	10 316	2 301.73
云　南	78 069	17 837.95	3 073	657.20	2 996	918.95
陕　西	15 103	4 789.29	4 544	1 690.66	11 526	5 803.05
甘　肃	30 989	12 040.83	6 113	2 834.01	3 246	1 183.59
青　海	1 088	499.01	56	19.82	297	135.70
宁　夏	3 917	1 664.35	1 461	599.24	200	85.33
新　疆	8 023	5 269.10	657	640.54	3 738	3 584.66

表 5　全国农经机构队伍情况

指标名称	代码	计量单位	数量	比上年增长/%
一、农经机构设置情况				
（一）省级机构数	1	个	81	0.00
1.行政机构	2	个	54	−1.82
2.事业机构	3	个	27	3.85
（二）地级机构数	4	个	518	6.58
1.行政机构	5	个	269	3.86
2.事业机构	6	个	249	9.69
（三）县级机构数	7	个	2 845	0.21
1.行政机构	8	个	698	1.31
2.事业机构	9	个	2 147	−0.14
（四）乡级机构数	10	个	21 882	2.21
1.职责明确由行政机构承担的	11	个	6 300	6.10
2.职责由专职事业机构承担的	12	个	15 582	0.72
二、农经队伍情况				
（一）实有人数	13	人	109 423	2.18
1.省级	14	人	901	0.45
2.地级	15	人	3 141	9.25
3.县级	16	人	21 541	1.39
4.乡级	17	人	83 840	2.15
（二）在编人数	18	人	89 839	2.47
1.省级	19	人	854	−2.29
其中：在编行政人员	20	人	345	0.88
2.地级	21	人	3 037	6.15

(续)

指标名称	代码	计量单位	数量	比上年增长/%
其中：在编行政人员	22	人	807	7.31
3. 县级	23	人	20 400	1.09
其中：在编行政人员	24	人	3 611	0.78
4. 乡级	25	人	65 548	2.80
其中：在编行政人员	26	人	21 384	5.12
(三) 县乡在编人员素质状况				
1. 中专以上学历人数	27	人	80 551	2.89
其中：大专及其以上人数	28	人	71 045	4.37
2. 专业技术职称人数	29	人	32 514	2.20
其中：(1) 高级职称人数	30	人	6 738	6.56
(2) 中级职称人数	31	人	16 639	1.29
(四) 县乡在编人员从事农经工作年限				
1. 3 年 (含) 以下人数	32	人	23 771	7.09
2. 3～5 年 (含) 人数	33	人	13 591	7.81
3. 5 年 (不含) 以上人数	34	人	48 586	-1.12
三、附报				
(一) 未明确承担农经职能机构的乡镇数	35	个	4 611	-3.43
(二) 职责分解设置的乡镇机构数	36	个	12 080	3.75

表 5-1　各地区农经机构设置情况

地区	(一) 省级机构数/个	1.行政机构/个	2.事业机构/个	(二) 地级机构数/个	1.行政机构/个	2.事业机构/个
全　国	**81**	**54**	**27**	**518**	**269**	**249**
北　京	1	1	0	0	0	0
天　津	3	2	1	0	0	0
河　北	4	2	2	22	13	9
山　西	3	2	1	19	8	11
内蒙古	3	2	1	23	11	12
辽　宁	3	2	1	27	15	12
吉　林	3	2	1	12	4	8
黑龙江	2	1	1	19	7	12
上　海	2	1	1	0	0	0
江　苏	3	2	1	26	15	11
浙　江	2	2	0	17	12	5
安　徽	3	2	1	26	16	10
福　建	3	2	1	11	4	7
江　西	2	2	0	15	9	6
山　东	3	2	1	30	15	15
河　南	3	2	1	37	27	10
湖　北	5	3	2	19	11	8
湖　南	2	1	1	22	13	9
广　东	2	2	0	24	18	6
广　西	2	1	1	27	13	14
海　南	1	1	0	2	2	0
重　庆	3	2	1	0	0	0
四　川	5	4	1	33	18	15
贵　州	2	1	1	14	5	9
云　南	3	2	1	35	18	17
陕　西	3	2	1	18	7	11
甘　肃	3	2	1	16	2	14
青　海	2	1	1	3	0	3
宁　夏	2	1	1	3	0	3
新　疆	3	2	1	18	6	12

（续）

地区	(三)县级机构数/个	1.行政机构/个	2.事业机构/个	(四)乡级机构数/个	1.职责明确由行政机构承担的/个	2.职责由专职事业机构承担的/个
全 国	2 845	698	2 147	21 882	6 300	15 582
北 京	27	14	13	194	102	92
天 津	17	10	7	0	0	0
河 北	198	71	127	1 459	626	833
山 西	99	7	92	603	59	544
内蒙古	76	0	76	107	32	75
辽 宁	123	67	56	792	208	584
吉 林	65	5	60	330	57	273
黑龙江	84	5	79	322	1	321
上 海	11	2	9	125	12	113
江 苏	132	67	65	1 126	277	849
浙 江	114	37	77	853	274	579
安 徽	111	34	77	1 058	165	893
福 建	78	3	75	915	65	850
江 西	97	17	80	1 130	209	921
山 东	169	20	149	1 724	110	1 614
河 南	171	51	120	1 378	414	964
湖 北	103	33	70	1 098	12	1 086
湖 南	112	24	88	1 161	301	860
广 东	133	107	26	1 323	1 033	290
广 西	101	6	95	485	167	318
海 南	19	19	0	0	0	0
重 庆	52	20	32	965	965	0
四 川	197	45	152	1 636	733	903
贵 州	84	4	80	740	50	690
云 南	148	21	127	112	45	67
陕 西	109	3	106	962	223	739
甘 肃	88	4	84	820	143	677
青 海	21	0	21	49	11	38
宁 夏	22	0	22	32	2	30
新 疆	84	2	82	383	4	379

表5-2　各地区农经队伍情况

地区	（一）实有人数/人	1.省级/人	2.地级/人	3.县级/人	4.乡级/人
全　国	109 423	901	3 141	21 541	83 840
北　京	1 608	26	0	530	1 052
天　津	103	23	0	80	0
河　北	6 771	37	124	887	5 723
山　西	4 930	40	264	1 447	3 179
内蒙古	1 784	59	239	836	650
辽　宁	4 350	25	118	547	3 660
吉　林	2 733	31	67	701	1 934
黑龙江	4 160	53	133	993	2 981
上　海	803	26	0	164	613
江　苏	7 476	10	107	699	6 660
浙　江	3 282	15	74	696	2 497
安　徽	3 485	34	77	466	2 908
福　建	2 838	22	53	404	2 359
江　西	3 039	19	61	374	2 585
山　东	11 868	45	174	1 549	10 100
河　南	5 225	24	189	1 040	3 972
湖　北	5 468	55	95	882	4 436
湖　南	4 319	21	121	1 036	3 141
广　东	7 787	21	110	668	6 988
广　西	1 477	29	137	526	785
海　南	258	7	9	17	225
重　庆	3 161	28	0	350	2 783
四　川	4 737	46	134	1 361	3 196
贵　州	2 803	18	61	399	2 325
云　南	4 249	38	236	1 240	2 735
陕　西	4 106	28	190	1 477	2 411
甘　肃	3 634	27	169	1 095	2 343
青　海	362	23	23	209	107
宁　夏	537	46	14	243	234
新　疆	2 070	25	162	625	1 258

（续）

地区	（二）在编人数/人	1.省级/人	在编行政人员/人	2.地级/人	在编行政人员/人
全　国	89 839	854	345	3 037	807
北　京	1 341	24	24	0	0
天　津	105	23	12	0	0
河　北	5 310	37	15	132	38
山　西	3 390	40	14	218	15
内蒙古	1 743	59	9	290	8
辽　宁	3 252	25	8	116	49
吉　林	2 587	31	8	59	8
黑龙江	3 788	53	9	146	32
上　海	565	26	4	0	0
江　苏	4 886	10	10	92	42
浙　江	2 346	15	15	67	36
安　徽	3 207	34	14	85	36
福　建	2 122	22	12	48	14
江　西	2 872	10	10	59	17
山　东	8 810	45	12	118	33
河　南	4 916	24	13	185	45
湖　北	5 168	54	47	82	48
湖　南	4 319	21	7	121	72
广　东	4 895	5	4	97	83
广　西	1 383	25	6	133	44
海　南	348	7	7	9	9
重　庆	2 348	22	10	0	0
四　川	4 001	43	18	134	36
贵　州	2 381	18	3	64	4
云　南	3 710	38	14	250	28
陕　西	3 741	25	11	181	83
甘　肃	3 152	27	12	166	13
青　海	293	23	4	15	0
宁　夏	440	46	4	14	0
新　疆	2 420	22	9	156	14

（续）

地区	3.县级/人	在编行政人员/人	4.乡级/人	在编行政人员/人
全 国	**20 400**	**3 611**	**65 548**	**21 384**
北 京	514	283	803	309
天 津	82	13	0	0
河 北	785	164	4 356	1 946
山 西	1 228	64	1 904	560
内蒙古	835	89	559	177
辽 宁	496	137	2 615	1 105
吉 林	655	93	1 842	201
黑龙江	943	40	2 646	360
上 海	148	37	391	150
江 苏	620	255	4 164	1 095
浙 江	651	91	1 613	588
安 徽	441	87	2 647	494
福 建	407	24	1 645	361
江 西	363	57	2 440	626
山 东	1 563	115	7 084	1 811
河 南	964	70	3 743	1 345
湖 北	844	253	4 188	801
湖 南	1 036	489	3 141	1 131
广 东	509	281	4 284	2 938
广 西	497	84	728	241
海 南	16	12	316	233
重 庆	318	44	2 008	2 008
四 川	1 398	387	2 426	929
贵 州	387	24	1 912	484
云 南	1 239	20	2 183	81
陕 西	1 399	225	2 136	700
甘 肃	1 007	125	1 952	520
青 海	192	0	63	18
宁 夏	229	3	151	40
新 疆	634	45	1 608	132

(续)

地区	(三) 县乡在编人员素质状况				
	1. 中专以上学历		2. 专业技术职	(1) 高级职称	(2) 中级职称
	人数/人	大专及其以上人数/人	称人数/人	人数/人	人数/人
全 国	**80 551**	**71 045**	**32 514**	**6 738**	**16 639**
北 京	1 310	1 302	169	17	108
天 津	82	79	35	6	18
河 北	4 731	4 106	1 231	214	761
山 西	2 927	2 476	993	136	610
内蒙古	1 316	1 131	597	142	311
辽 宁	2 885	2 568	881	130	581
吉 林	2 431	2 004	1 372	314	502
黑龙江	3 386	3 100	1 664	681	659
上 海	539	538	240	14	123
江 苏	4 671	4 206	2 097	361	1 150
浙 江	2 118	2 086	1 131	108	704
安 徽	2 975	2 608	1 462	260	818
福 建	1 913	1 681	1 014	241	552
江 西	2 591	2 121	1 116	86	511
山 东	8 489	7 952	4 558	1 125	2 634
河 南	4 243	3 429	1 688	426	907
湖 北	4 519	3 780	1 643	92	797
湖 南	3 933	3 076	967	255	472
广 东	4 386	3 810	646	71	305
广 西	1 111	1 010	385	43	227
海 南	289	208	99	4	43
重 庆	2 382	2 187	502	99	315
四 川	3 567	3 168	1 426	232	656
贵 州	2 171	1 911	1 592	274	756
云 南	3 359	3 208	2 478	918	858
陕 西	3 037	2 471	968	154	491
甘 肃	2 489	2 457	731	188	394
青 海	260	232	131	23	74
宁 夏	362	354	190	71	77
新 疆	2 079	1 786	508	53	225

（续）

地区	(四) 县乡在编人员从事农经工作年限		
	1.3 年（含）以下 人数/人	2.3～5 年（含） 人数/人	3.5 年（不含）以上 人数/人
全　国	**23 771**	**13 591**	**48 586**
北　京	438	192	687
天　津	25	19	38
河　北	1 719	1 087	2 335
山　西	814	369	1 949
内蒙古	394	177	823
辽　宁	1 160	494	1 457
吉　林	277	135	2 085
黑龙江	1 056	338	2 195
上　海	133	90	316
江　苏	897	653	3 234
浙　江	677	499	1 088
安　徽	812	370	1 906
福　建	515	319	1 218
江　西	830	508	1 465
山　东	2 338	1 402	4 907
河　南	1 255	978	2 474
湖　北	746	527	3 759
湖　南	1 497	639	2 041
广　东	1 852	1 021	1 920
广　西	410	175	640
海　南	51	61	220
重　庆	929	473	924
四　川	1 212	678	1 934
贵　州	498	452	1 349
云　南	734	340	2 348
陕　西	1 090	757	1 688
甘　肃	928	607	1 424
青　海	55	39	161
宁　夏	92	37	251
新　疆	337	155	1 750

表 5-3　附报

地区	（一）未明确承担农经职能机构的乡镇数/个	（二）职责分解设置的乡镇机构数/个
全　国	**4 611**	**12 080**
北　京	0	3
天　津	0	154
河　北	174	684
山　西	106	503
内蒙古	60	645
辽　宁	49	249
吉　林	31	277
黑龙江	3	11
上　海	0	0
江　苏	37	233
浙　江	154	275
安　徽	213	561
福　建	116	542
江　西	165	486
山　东	49	156
河　南	828	485
湖　北	25	161
湖　南	159	645
广　东	87	363
广　西	542	195
海　南	31	34
重　庆	12	632
四　川	761	1 421
贵　州	199	848
云　南	202	1 109
陕　西	184	346
甘　肃	210	333
青　海	180	42
宁　夏	17	128
新　疆	17	559

第二篇

2

2023 年农村合作经济统计分析报告

2023 年家庭农场发展情况

——农村合作经济统计分析报告之一

根据全国家庭农场名录系统的统计数据汇总分析，2023 年，全国家庭农场数量小幅增长，发展质量稳中向好，产业结构更趋多元，稳产保供作用凸显，成为示范带动小农户、促进小农户和现代农业发展有机衔接的重要力量。

一、总量小幅增长，发展质量稳中向好

截至 2023 年底，纳入全国家庭农场名录系统的家庭农场（以下简称全国家庭农场）达 395.5 万个，比上年增加 2.1 万个，增长 0.5%。其中，有 121.4 万个家庭农场在市场监管部门注册登记，占全国家庭农场总数的 30.7%。9 个省份家庭农场数量超过 15 万个，分别是山东、黑龙江、内蒙古、河南、四川、安徽、湖南、湖北、广东，合计达 246.8 万个，占全国家庭农场总数的 62.4%（图 1）。家庭农场发展质量稳中向好，县级及以上示范家庭农场 22.9 万个，同比增长 13.6%；9.1 万个家庭农场拥有注册商标，同比增长 9.5%；28.3 万个家庭农场通过农产品质量认证，同比增长 11.1%。

二、产业结构多元，奶业家庭农场数量同比明显下降

截至 2023 年底，从事种植业的家庭农场 257.4 万个，占全国家庭农场总数的 65.1%；从事畜牧业的家庭农场 73.6 万个，占全国家庭农场总数的 18.6%；从事种养结合、渔业、林业、农业服务业的家庭农场分别为 34.9 万个、18.2 万个、2.4 万个、1.2 万个，分别占全国

家庭农场总数的 8.8%、4.6%、0.6%、0.3%（图 2）。种粮家庭农场达 174.9 万个，占全国家庭农场总数的 44.2%，基本保持稳定；从事生猪产业的家庭农场达 22.5 万个，占全国家庭农场总数的 5.7%，同比增长 3.7%；从事奶业的家庭农场达 3.6 万个，占全国家庭农场总数的 0.9%，同比下降 17.2%。

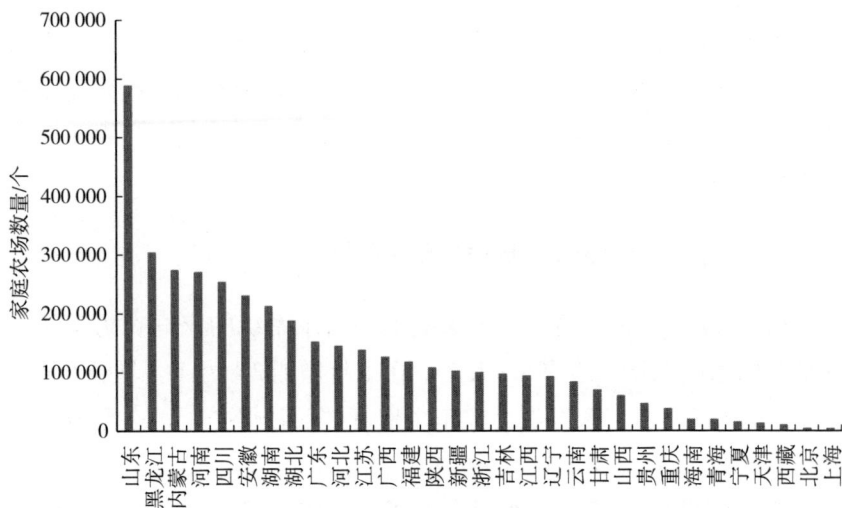

图 1　2023 年各地区家庭农场数量

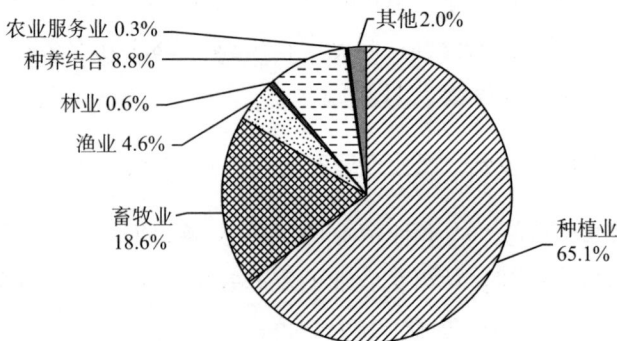

图 2　2023 年家庭农场产业分布情况

三、经营土地面积略减，种粮家庭农场单产明显高于平均水平

截至 2023 年底，全国家庭农场经营土地总面积 68 871.5 万亩，同比下降 1.3%。按照不同土地类型，全国家庭农场经营耕地、园地、林地、草地、水面面积分别为 31 249.7 万亩、283.2 万亩、1 525.0 万亩、34 009.9 万亩、1 273.6 万亩，分别同比增长 0.1%、9.6%、8.2%、−2.0%、−5.8%。种粮家庭农场积极发挥稳产保供作用，粮食作物种植面积 26 333.5 万亩，基本保持稳定；平均每个种粮家庭农场经营土地面积 150.6 亩，同比增长 1.2%。种粮家庭农场平均亩产 469.2 千克（按复种指数 1.34 计算），比全国平均水平高出约 20%。

四、经营收入下降，劳动力数量略增

2023 年，全国家庭农场经营总收入 11 880.8 亿元，同比下降 8.3%。半数以上家庭农场年经营收入在 10 万～50 万元，年经营总收入在 10 万元以下、10 万～30 万元、30 万～50 万元、50 万元以上的家庭农场数量占比分别为 33.8%、44.3%、11.1%、10.8%。截至 2023 年底，全国家庭农场劳动力总数 1 248.6 万个，同比增长 1.2%；平均每个家庭农场 3.2 个劳动力，其中，家庭成员劳动力 2.2 个，与上年持平；常年雇佣劳动力 1.0 个，比上年增长 1.9%。

五、财政支持和信贷保险覆盖面均有小幅扩大

2023 年，各级财政扶持家庭农场资金总额 134.2 亿元，获得财政资金扶持的家庭农场 11.9 万个，同比增长 0.9%，仅占全国家庭农场总数的 3.0%。全国家庭农场获得贷款资金总额 389.5 亿元，获得贷款支持的家庭农场 14.2 万个，同比增长 6.3%，仅占全国家庭农场总数的 3.6%。截至 2023 年底，全国家庭农场贷款余额 203.8 亿元，同比增长 12.7%；165.5 万个家庭农场购买了农业保险，同比增长 2.0%（图 3）。

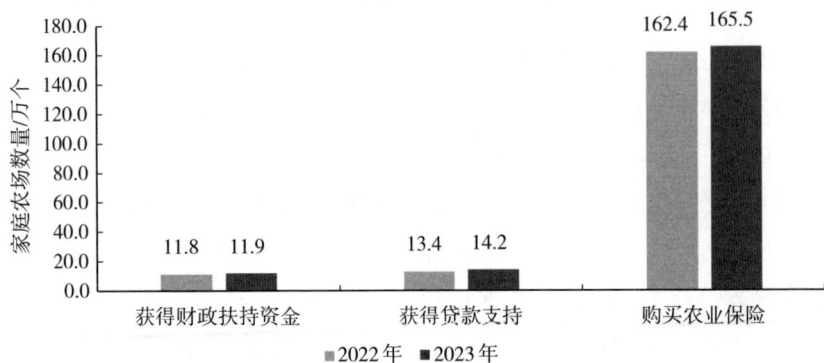

图 3　2022—2023 年获得财政信贷支持和购买农业保险的家庭农场数量

2023 年农民专业合作社发展情况

——农村合作经济统计分析报告之二

根据对全国 31 个省（自治区、直辖市）农民专业合作社发展情况统计数据汇总分析，2023 年，农民专业合作社数量保持稳定，发展质量稳步提升，服务能力持续增强，联合与合作的水平进一步提高，在保障粮食和重要农产品稳定安全供给等方面发挥着重要支撑作用。

一、合作社总体数量保持稳定，发展质量稳步提升

截至 2023 年底，全国纳入农业农村部门统计调查的农民专业合作社总数达 209.6 万家，较上年增长 0.5%。有 16 个省份的合作社总数较上年有所下降，分别为上海（-20.3%）、贵州（-4.2%）、黑龙江（-3.5%）、海南（-3.3%）、青海（-3.0%）、吉林（-2.6%）、山东（-2.0%）、北京（-1.6%）、西藏（-1.3%）、天津（-1.2%）、江苏（-0.9%）、广西（-0.6%）、浙江（-0.5%）、宁夏（-0.4%）、福建（-0.2%）、重庆（-0.1%）。**产业链条持续延伸。**实行产加销一体化服务的合作社 104.3 万家，占比 49.8%。以运销服务为主的合作社为 10.2 万家，较上年增长 2.5%，以加工服务为主的合作社为 7.1 万家，较上年下降 0.7%。创办加工、流通、销售等实体的合作社 12.1 万家，与上年基本相当。**经营服务能力增强。**为成员统一销售农产品占成员当年销售产品总值 80% 以上的合作社 61.9 万家，较上年增长 3.8%；为成员统一购买农业生产投入品占成员当年农业生产投入品购买总额 80% 以上的合作社 41.6 万家，较上年增长 3.3%。拥有注册商标的合作社 10.3 万家，通过农产品质量认证的合作社 6.3 万家，分别较上年增长 0.2%

和 2.1%。**分配机制更加健全**。提留公积金、公益金、风险金的合作社 27.2 万家，较上年增长 2.5%。可分配盈余按交易量返还成员的合作社 44.2 万家，较上年增长 2.1%；其中 60% 以上可分配盈余按交易量返还成员的合作社 35.3 万家，较上年增长 2.0%。

二、种养业合作社占比超七成，新兴产业发展迅速

截至 2023 年底，从事种植业、畜牧业、服务业、林业、渔业的农民专业合作社数量依次为 114.9 万家、41.0 万家、16.3 万家、11.3 万家和 6.2 万家，占比分别为 54.8%、19.6%、7.8%、5.4%、3.0%。**种养类合作社数量占比超七成**。种养业合作社占比超七成，为 77.3%。种植业合作社中，粮食、蔬菜类合作社数量分别为 55.1 万家、22.6 万家，分别较上年增长 1.6% 和 2.4%；畜牧业合作社中，奶业、肉牛羊、肉鸡合作社数量分别为 1.1 万家、12.1 万家和 4.2 万家，分别较上年增长 1.5%、2.4% 和 0.8%；生猪、蛋鸡合作社数量分别为 13.1 万家和 2.6 万家，分别较上年下降 1.0% 和 1.4%。**发展新兴产业的合作社数量持续增长**。农机、植保服务类合作社数量分别为 9.7 万家、1.9 万家，分别较上年增长 1.1% 和 2.5%。开展电子商务的合作社 6.5 万家，开展休闲农业和乡村旅游的合作社 1.9 万家，从事民间工艺及制品开发经营的合作社 5 001 家，分别较上年增长 3.1%、2.5% 和 2.7%。

三、合作社组织农民功能凸显，联农带农成效显著

合作社成员类型多样。全国农民专业合作社成员数 5 940.8 万个，社均成员 28 个。合作社成员中，普通农户成员 5 676.6 万个，占比 95.6%；家庭农场成员 166.4 万个，占比 2.8%；企业成员 24.0 万个，占比 0.4%。**农民牵头领办合作社占比超八成**。由农民牵头领办的合作社 168.5 万家，占比 80.4%，其中由村组干部牵头领办的合作社 24.9 万家。由企业牵头领办的合作社 3.3 万家，占比 1.6%。**成员出资结构**

更加完善。货币出资成员数 2 173.1 万个，占合作社成员总数的 36.6%（占比较上年提升 0.2 个百分点）；土地经营权作价出资成员数 848.8 万个，占合作社成员总数的 14.3%（占比与上年持平）。实行成员土地经营权作价出资的合作社 7.5 万家，较上年增长 1.0%，作价出资土地面积 2 282.3 万亩，社均 304.3 亩。**合作社持续为成员提供统一服务**。农民专业合作社为成员提供的经营服务总值为 8 814.4 亿元，成员人均享受合作社统购统销服务 1.5 万元。其中，统一销售农产品总值达 6 451.4 亿元，平均为每个成员销售农产品 1.1 万元；统一购买农业生产投入品总值达 2 363.0 亿元，平均为每个成员购买生产投入品 0.4 万元。**合作社经营水平基本稳定**。农民专业合作社年经营收入 6 243.3 亿元，社均 29.8 万元；可分配盈余 874.1 亿元，社均 4.2 万元，合作社成员人均获得盈余返还 1 471.4 元，较上年增长 0.8%。

四、社际间联合合作发展，规模效应持续显现

截至 2023 年底，农民专业合作社联合社 1.5 万家，比上年增长 6.8%。联合社成员数 16.9 万个，平均每个联合社拥有 11 个成员社。联合社经营收入总值 167.7 亿元，社均经营收入 113.5 万元；可分配盈余 22.6 亿元，社均可分配盈余 15.3 万元，成员社平均获得盈余返还 1.3 万元。合作社联合会 1 884 个，较上年增长 5.4%。成立基层党组织的合作社 49 963 家，与上年基本持平；合作社成员中党员数 78.2 万人，较上年增长 5.1%。

2023 年农业社会化服务发展情况

——农村合作经济统计分析报告之三

根据对全国 31 个省（自治区、直辖市）农业社会化服务发展情况统计数据汇总分析，2023 年，全国各类经营性农业社会化服务主体总数 109.4 万个，服务营业收入总额 1 851.6 亿元，服务小农户数量 9 412.6 万户，服务总面积 21.4 亿亩次，其中服务粮食作物面积 16.1 亿亩次。

一、农业社会化服务加快发展

截至 2023 年底，全国各类经营性农业社会化服务主体总数 109.4 万个，较上年增长 2.2%；服务营业收入总额 1 851.6 亿元，较上年增长 1.0%。**从增长速度看**，农民合作社、农业服务专业户、农业服务企业和农村集体经济组织等服务主体数量平稳增长，分别较上年增长 1.6%、2.2%、4.0% 和 4.3%（表 1）。**从结构分布看**，农业服务专业户数量占比超过一半，为 52.5%；农民合作社次之，占比 31.2%；农村

表 1   2022—2023 年各类经营性农业社会化服务主体数量

单位：万个

	农业服务专业户	农民合作社	农村集体经济组织	农业服务企业	其余服务主体	合计
2022 年	56.2	33.6	7.5	4.2	5.5	107.0
2023 年	57.4	34.2	7.8	4.4	5.6	109.4
增长率	2.2%	1.6%	4.3%	4.0%	1.9%	2.2%

注：受小数点四舍五入影响，数据以个为单位和以万个为单位计算存在出入，表中增长率均按照以个为单位数据计算得出。

集体经济组织和农业服务企业占比分别为 7.1% 和 4.0%；其余服务主体占比 5.1%（图 1）。**从服务对象看**，服务小农户数量 9 412.6 万户，占服务对象总数的 86.0%；服务小农户的营业收入 1 089.5 亿元，占服务营业收入总额的 58.8%。

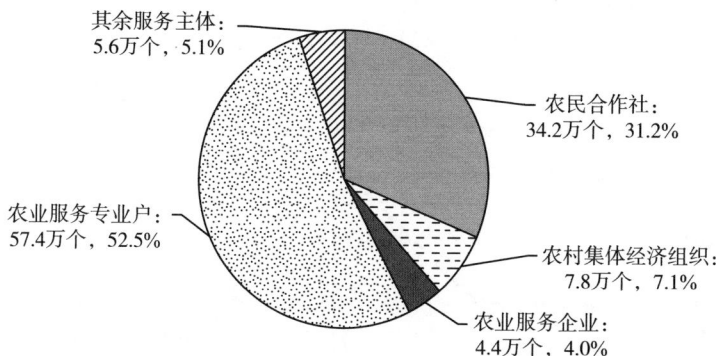

其余服务主体：
5.6万个，5.1%

农民合作社：
34.2万个，31.2%

农业服务专业户：
57.4万个，52.5%

农村集体经济组织：
7.8万个，7.1%

农业服务企业：
4.4万个，4.0%

图 1   2023 年各类经营性农业社会化服务主体数量及占比情况

二、多元化服务主体加快壮大

（一）农民合作社的服务对象数量和服务小农户数量占比均超四成。 2023 年，开展社会化服务的农民合作社 34.2 万个，服务营业收入 808.6 亿元，较上年增长 1.1%，占服务营业收入总额的 43.7%。服务对象数量 4 583.9 万个（户），占全国服务对象总数的 41.9%；服务小农户数量 3 934.2 万户，占全国服务小农户总数的 41.8%。

（二）开展社会化服务的农村集体经济组织数量增长较快。 2023 年，开展社会化服务的农村集体经济组织 7.8 万个，服务营业收入 93.8 亿元，分别较上年增长 4.3%、4.9%；服务对象数量 1 116.6 万个（户），其中服务小农户数量 925.8 万户，分别较上年增长 2.1%、3.6%。从地区分布看，河南、山东、湖南、广东、陕西 5 个省份开展社会化服务的农村集体经济组织数量均超过 5 000 个。

（三）**农业服务企业单体服务能力较强。**2023 年，农业服务企业 4.4 万个，服务营业收入 527.4 亿元，分别较上年增长 4.0%、1.4%；服务对象数量 1 928.3 万个（户），其中服务小农户数量 1 622.5 万户，分别较上年下降 2.1%、1.3%。从单体情况看，农业服务企业的服务范围较广、服务对象数量较多、服务营业收入较高。2023 年，农业服务企业平均服务对象数量为 439 个（户），平均营业收入达到 120.1 万元（图 2）。

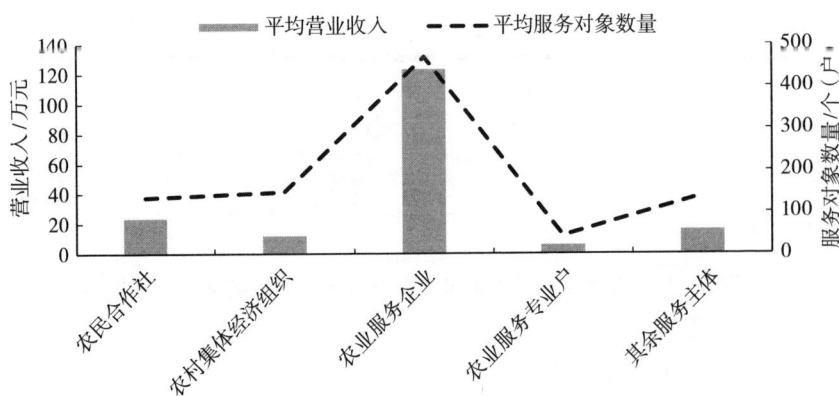

图 2 2023 年各类经营性农业社会化服务主体平均营业收入和平均服务对象数量情况

（四）**农业服务专业户服务对象中小农户数量占比近九成。**2023 年，农业服务专业户 57.4 万个，服务营业收入 325.0 亿元，从业人员 152.0 万人。服务对象数量 2 532.4 万个（户），其中服务小农户数量 2 234.9 万户，占比 88.3%。山东省农业服务专业户数量 7.3 万个，占全国服务专业户总数的 12.7%，服务小农户数量 358.5 万户，每个服务专业户平均服务 49 户小农户。

三、农业生产托管服务加快推进

（一）**服务面积增速加快。**2023 年，全国农业生产托管服务总面积

21.4 亿亩次，较上年增长 8.6%。其中，内蒙古、吉林和贵州的服务面积增速超过 30%，浙江、江西、河南、广东、宁夏和北京的服务面积增速超过 10%。服务面积超过 1 亿亩次的有河北、山西、内蒙古、黑龙江、安徽、山东和河南 7 个省份，服务面积合计达 13.6 亿亩次，占全国农业生产托管服务总面积的 63.6%。

（二）服务粮食作物面积超过服务总面积的 75%。 2023 年，全国农业生产托管服务粮食作物面积 16.1 亿亩次，较上年增长 9.6%；服务粮食作物面积占全国农业生产托管服务总面积的 75.1%，比上年提高 0.7 个百分点。其中，13 个粮食主产省份的粮食作物托管服务面积达 13.5 亿亩次，占全国农业生产托管服务粮食作物面积的 83.8%，占全国农业生产托管服务总面积的 63.0%。黑龙江、安徽、山东、湖南、河南作为粮食主产省，粮食作物托管服务面积占本省农业生产托管服务总面积的比重分别高达 87.8%、83.0%、82.0%、81.2% 和 80.8%。

（三）服务小农户面积超过服务总面积的 65%。 2023 年，农业生产托管服务小农户面积 14.0 亿亩次，较上年增长 5.7%，占全国农业生产托管服务总面积的 65.5%。在耕、种、防、收 4 个主要环节，小农户接受托管服务面积分别占各环节全国农业生产托管服务面积的 64.0%、67.0%、63.4% 和 67.6%，比重均超过六成（表 2）。

表 2　2023 年农业生产托管服务各环节面积

单位：亿亩次

	耕	种	防	收	总计
全国农业生产托管服务面积	5.8	4.8	5.0	5.8	21.4
服务小农户面积	3.7	3.2	3.2	3.9	14.0
占　比	64.0%	67.0%	63.4%	67.6%	65.5%

注：受小数点四舍五入影响，数据以亩次为单位和以亿亩次为单位存在出入，表中占比均按照以亩次为单位数据计算得出。

2023 年农村宅基地情况

——农村合作经济统计分析报告之四

根据对全国 30 个省（自治区、直辖市）（不含西藏，下同）农村宅基地管理利用情况统计年报数据汇总分析，2023 年农村宅基地情况如下：

一、宅基地总体情况

（一）宅基地宗数。2023 年全国农村宅基地宗数为 26761.95 万宗。其中东部地区最多，为 9785.87 万宗，占全国农村宅基地宗数的 36.6%；中部、西部、东北地区宗数依次为 8038.14 万宗、7585.70 万宗和 1352.24 万宗。山东、河南、四川宅基地宗数位列全国前三，分别为 2771.27 万宗、2344.56 万宗和 1861.50 万宗。

（二）农户宅基地占用情况。2023 年全国占用一处宅基地、占用两处及以上宅基地的农户数分别为 21343.67 万户、1678.55 万户。

（三）非本集体成员占用宅基地情况。2023 年全国非本集体成员占用的宅基地宗数为 301.39 万宗，占全国宅基地宗数的 1.13%。其中，东北地区非本集体成员占用的宅基地宗数比例最高，为 2.48%；东部、中部、西部地区分别为 1.20%、1.07% 和 0.85%。

二、宅基地管理情况

2023 年全国审批宅基地（包括新增宅基地审批和原址翻建审批）宗数为 118.33 万宗、面积为 26.18 万亩。其中，"农用地转用"审批宅基地宗数 13.85 万宗、面积 3.05 万亩（表 1）。2023 年全国征收宅基地宗数为 43.70 万宗、面积为 15.84 万亩。按照征收面积排序，东部地区最大，为 7.27 万亩；中部、西部、东北地区依次为 4.81 万亩、2.88 万亩和 0.88 万亩。

表1　全国审批宅基地情况

	审批宅基地		其中：农用地转用	
	宗数/万宗	面积/万亩	宗数/万宗	面积/万亩
东部地区	35.37	7.37	3.92	0.66
中部地区	32.36	7.34	3.09	0.67
西部地区	49.92	11.18	6.83	1.72
东北地区	0.68	0.29	0.005	0.002
全国	118.33	26.18	13.85	3.05

2023 年农经机构队伍发展情况

——农村合作经济统计分析报告之五

农村经营管理工作是党和国家"三农"工作的重要组成部分，农经机构队伍是承担农村经营管理工作的重要力量。根据对全国 30 个省（自治区、直辖市）（不含西藏，下同）农经机构队伍发展情况统计数据汇总分析，截至 2023 年底，全国各级农经机构 2.53 万个，农经队伍实有人数 10.94 万人，均较上年略有增长。总体看，全国农经机构队伍基本保持稳定，但仍面临乡镇农经机构力量薄弱、行政力量不强、地区间发展不平衡等突出问题，需要引起高度重视并加以解决。

一、农经机构数量略有增长

一是农经机构数量小幅增长，行政机构数量增长幅度大于事业机构数量增长幅度。2023 年，全国农经机构 25 326 个，同比增长 2.06%。其中，行政机构 7 321 个、同比增长 5.47%，事业机构 18 005 个、同比增长 0.73%。二是除省级农经机构外，地级、县级、乡级农经机构数量均有小幅增加，地级农经机构数量增长幅度最大。2023 年，全国省级、地级、县级、乡级农经机构数量分别为 81 个、518 个、2 845 个、21 882 个，省级农经机构数量与上年持平，地级、县级、乡级农经机构数量同比分别增长 6.58%、0.21%、2.21%。此外，还有 4 611 个乡镇没有明确承担农经职能的机构，同比下降 3.43%。三是省级农经机构以行政机构为主，县级和乡级农经机构以事业机构为主。2023 年，省级农经机构中行政机构占比 66.67%，地级农经机构中行政机构占比 51.93%，县级和乡级农经机构中，行政机构占比分别为 24.53% 和 28.79%。

二、农经队伍需进一步巩固优化

一是全国农经队伍人数小幅上涨，省份间变动不一。2023 年，全国农经队伍实有人数 109 423 人，同比增长 2.18%；在编人数 89 839 人，占比 82.10%，较上年增长 0.23 个百分点。海南农经队伍实有人数在上年减少近一半的基础上，本年度继续下降 13.13%。二是农经队伍在编人员以事业编制为主，省份间平均在编人数差距较大。全国农经队伍在编人员中，事业编制占比为 70.90%。省份间农经机构平均在编人数差距较大，其中，县级农经机构平均在编人数最多的是北京，为 19 人；最少的是海南，平均不足 1 人。乡级农经机构平均在编人数最多的是云南，为 19 人，最低的是青海，平均为 1 人，另外浙江、福建、广西、四川均不足 2 人。三是各级农经行政人员有所增加，但县级行政力量依然薄弱。2023 年，省级、地级、县级、乡级农经机构在编行政人员同比分别增长 0.88%、7.31%、0.78% 和 5.12%，分别占同级在编农经人员总数的 40.40%、26.57%、17.70% 和 32.62%。伴随机构改革职责划转，原由事业单位承担的大量农经职责任务改由行政机构履行，但农经行政力量特别是县级行政力量严重不足，不能很好地满足基层农村经营管理工作的实际需要。

三、基层农经人员素质稳步提高

一是县乡农经机构在编人员的学历水平有所提升。2023 年，县乡农经机构在编人员拥有中专以上学历 80 551 人、同比增长 2.89%，占县乡农经机构在编人数的 93.72%。其中，大专及以上学历人数占中专以上学历人数的 88.20%，较上年提高 1.26 个百分点。二是基层农经人员高级职称占比小幅提高。2023 年，县乡农经机构在编人员中拥有专业技术职称的 32 514 人，占县乡农经机构在编人数的 37.83%。其中，高级职称占比 7.84%，较上年提高 0.31 个百分点。三是基层农经人员中新生力量增多。2023 年，工作 3 年（含）以下的县乡农经机构在编人员 23 771 人，同比增长 7.09%，占县乡农经机构在编人数的 27.66%，较上年提高 1.21 个百分点。

附录

主要指标解释

（一）家庭农场情况统计表

家庭农场数量：家庭农场是指以家庭经营为基本单元，以农场生产经营为主业，以农场经营收入为家庭主要收入来源，从事农业规模化、标准化、集约化生产经营的新型农业经营主体。纳入本表统计的为农业农村部门名录管理家庭农场数量，指按照《关于实施家庭农场培育计划的指导意见》要求，符合当地农业农村部门提出的家庭农场名录管理要求，纳入当地农业农村部门家庭农场名录并填报全国家庭农场名录系统的家庭农场（含符合家庭农场条件的种养大户、专业大户等规模农业经营户）数量。

县级及以上农业农村部门评定的示范家庭农场（数量）：指依据县级及以上农业农村部门出台的有关办法，评定为示范家庭农场的数量。

家庭农场经营土地面积：指家庭农场实际经营农地的面积。

耕地（面积）：指家庭农场经营土地面积中，按照《土地利用现状分类》（GB/T 21010—2017），属于耕地的面积。

家庭承包经营（耕地面积）：指家庭农场实际经营耕地面积中以家庭承包方式获得的耕地面积。

园地（面积）：指家庭农场经营土地面积中果园、茶园、橡胶园以及其他园地的面积。

林地（面积）：指家庭农场经营土地面积中属于林地的面积。

草地（面积）：指家庭农场经营土地面积中属于草地的面积。

水面（面积）：指家庭农场经营土地面积中，用于渔业养殖的水域、滩涂的面积。

家庭农场劳动力数量：指家庭农场当年从事农业生产经营的家庭成员劳动力数量和常年雇工数量之和。

家庭成员劳动力（数量）：指家庭农场劳动力中身份为家庭成员的劳动力数量。

常年雇工劳动力（数量）：指家庭农场受雇期限年均 9 个月以上或按年计酬的雇工。

种植业（家庭农场）：指从事粮食作物、经济作物、园艺作物等农作物生产经营为主的家庭农场。

粮食产业（家庭农场）：指从事谷物、豆类、薯类生产经营为主的家庭农场。

（粮食产业家庭农场）经营土地面积 50～100 亩（家庭农场）：指从事粮食作物种植面积在 50 亩以上，100 亩以下的家庭农场。包括 50 亩的，但不包括 100 亩的。其他依次类推。

畜牧业（家庭农场）：指从事畜禽繁育养殖，畜产品、牧草、饲料生产、加工、销售等为主的家庭农场。

生猪产业（家庭农场）：指从事生猪繁育养殖，猪肉生产、加工、销售等为主的家庭农场。

奶业（家庭农场）：指从事奶牛、奶羊养殖，牛奶、羊奶生产、加工、销售等为主的家庭农场。

渔业（家庭农场）：指从事水产繁育、养殖及捕捞，渔产品生产、加工、销售等为主的家庭农场，包括海水渔业和淡水渔业。

林业（家庭农场）：指从事林木栽培或林区管护，木材、林产品、林下产品生产、加工、销售等为主的家庭农场。

种养结合（家庭农场）：指综合开展种植业、养殖业生产经营的家庭农场。

农业服务业（家庭农场）：指为其他农业生产经营者提供服务为主的家庭农场。

年经营总收入：指家庭农场本年度在销售农产品、提供各项服务及让渡资产使用权等日常生产经营活动中所获得的收入。

10 万元以下（数量）：指本年度经营总收入在 10 万元以下（不包括 10 万元）的家庭农场。

10 万 ~ 30 万元（数量）：指本年度经营总收入在 10 万元以上，30 万元以下的家庭农场。包括 10 万元的，但不包括 30 万元的。其他依次类推。

50 万元以上（数量）：指本年度经营总收入在 50 万元及以上的家庭农场。

年净利润：指家庭农场本年度经营总收入减去各项投入和费用后的金额。

拥有注册商标的家庭农场数：指自行注册或经授权许可使用商标的家庭农场数量。

通过农产品质量认证的家庭农场数：指通过绿色食品、有机食品、地理标志农产品、森林食品等质量认证的家庭农场数量。

粮食作物种植面积：指家庭农场实际经营耕地中用于种植稻谷、小麦、玉米、豆类、薯类等粮食作物的面积，不含复种面积。

粮食产量：指家庭农场本年度生产的稻谷、小麦、玉米、豆类、薯类等粮食作物产量。计算方法豆类按去豆荚后的干豆计算；薯类（包括甘薯和马铃薯，不包括芋头和木薯）采用 5 折 1 核算为干重。

获得财政扶持资金的家庭农场数：指获得各级财政资金扶持的家庭农场数量。

各级财政扶持资金总额：指家庭农场本年度获得各级财政扶持资金的总额。

获得贷款支持的家庭农场数：指本年度获得贷款支持的家庭农场数量。

20 万元以下（数量）：指本年度获得贷款支持金额在 20 万元以下（不包括 20 万元）的家庭农场数量。

20 万 ~ 50 万元（数量）：指本年度获得贷款支持金额在 20 万元以上，50 万元以下的家庭农场数量。包括 20 万元的，不包括 50 万元的。

50 万元以上（数量）：指本年度获得贷款支持金额 50 万元及以上的家庭农场数量。

获得贷款资金总额：指家庭农场本年度获得贷款资金总额，包含贷款还清后重新贷款的部分。

贷款余额：指家庭农场本年度尚未归还各类金融机构的贷款总额。

购买农业保险的家庭农场数：指本年度购买政策性保险或商业性保险的家庭农场数量。

（二）农民专业合作社情况统计表

农民专业合作社数：指按照《中华人民共和国农民专业合作社法》《农民专业合作社登记管理条例》《中华人民共和国市场主体登记管理条例》等法律法规登记注册，登记类型为农民专业合作社的数量。

示范社数：指由县级及以上（包括县级）农业农村主管部门牵头，会同有关部门，依据示范社创建标准认定的农民专业合作社示范社的数量。

农民专业合作社成员数：指农民专业合作社年末在册成员数量。

普通农户数：指农民专业合作社年末在册成员中身份为农民的成员数量，不包括本表中家庭农场成员数。

建档立卡脱贫农户数：指经过扶贫部门识别，并纳入全国扶贫开发信息系统的建档立卡的农户数量。

家庭农场成员数：指农民专业合作社年末在册成员中身份为农民，且被农业农村部门认定为家庭农场的成员数量。

企业成员数：指农民专业合作社年末在册成员中身份为企业的成员数量。

其他成员数：指按照《中华人民共和国农民专业合作社法》《农民专业合作社登记管理条例》《中华人民共和国市场主体登记管理条例》

等有关规定加入农民专业合作社的市民、事业单位、社会组织等成员数量。

货币出资成员数：指农民专业合作社中以货币出资为主的成员数量。

土地经营权作价出资成员数：指农民专业合作社中以土地经营权作价出资为主的成员数量。

种植业及相关合作社数：指从事粮食作物、经济作物、园艺作物等农作物生产经营服务为主的农民专业合作社数量。

粮食产业合作社数：指从事谷物、豆类、薯类生产经营服务为主的农民专业合作社数量。

蔬菜产业合作社数：指从事蔬菜生产经营服务为主的农民专业合作社数量。

林业及相关合作社数：指从事林木栽培或林区管护，木材、林产品、林下产品生产、加工、销售等服务为主的农民专业合作社数量。

畜牧业及相关合作社数：指从事畜禽繁育养殖，畜产品、牧草、饲料生产、加工、销售等服务为主的农民专业合作社数量。

生猪产业合作社数：指从事生猪繁育养殖，猪肉生产、加工、销售等服务为主的农民专业合作社数量。

奶业合作社数：指从事奶牛、奶羊养殖，牛奶、羊奶生产、加工、销售等服务为主的农民专业合作社数量。

肉牛羊产业合作社数：指从事肉牛羊繁育养殖，牛肉、羊肉生产、加工、销售等服务为主的农民专业合作社数量。

肉鸡产业合作社数：指从事肉鸡繁育饲养，鸡肉生产、加工、销售等服务为主的农民专业合作社数量。

蛋鸡产业合作社数：指从事蛋鸡繁育饲养，鸡蛋生产、加工、销售等服务为主的农民专业合作社数量。

渔业及相关合作社数：指从事水产繁育、养殖及捕捞，渔产品生产、加工、销售等服务为主的农民专业合作社数量，包括海水渔业和淡水渔业。

服务业合作社数：指为农业生产者提供产前、产中、产后服务为主的农民专业合作社数量。

农机服务合作社数：指从事农机作业服务为主的农民专业合作社数量。

植保服务合作社数：指从事防治病虫害等植物保护服务为主的农民专业合作社数量。

牵头人身份：指农民专业合作社的法定代表人（理事长）或牵头领办人的职业身份。农民专业合作社的牵头人由农民担任的，属于农民牵头领办；由企业指派的代表担任的，属于企业牵头领办。

产加销一体化服务合作社数：指为成员提供生产、加工、储藏、包装、销售等环节一体化服务的农民专业合作社数量。

运销服务为主合作社数：指主要为成员提供运输、销售服务的农民专业合作社数量。

加工服务为主合作社数：指主要为成员提供农产品加工服务的农民专业合作社数量。

统一组织销售农产品总值：指农民专业合作社本年度统一为成员销售农产品的总金额。

统一销售农产品 80% 以上的合作社数：指农民专业合作社本年度统一为成员销售产品占成员当年销售产品总值 80% 以上的农民专业合作社数量。

统一组织购买农业生产投入品总值：指农民专业合作社本年度统一为成员购买的农用生产资料等投入品总金额。

统一购买比例达 80% 以上的合作社数：指农民专业合作社本年度统一为成员购买农业生产投入品占成员当年农业生产投入品购买总额 80% 以上的农民专业合作社数量。

拥有注册商标的合作社数：指通过直接注册或经授权许可使用商标的农民专业合作社数量。

通过农产品质量认证的合作社数：指取得绿色食品、有机农产品、地理标志农产品等质量认证的农民专业合作社数量。

土地经营权作价出资的合作社数：指以成员承包土地经营权作价出资为主组建的农民专业合作社数量。

作价出资土地面积：指年末在册成员以承包土地经营权作价出资的土地面积。

开展内部信用合作的合作社数：指按照"成员制、封闭型"原则，在成员内部开展信用合作业务的农民专业合作社数量。

参与信用合作的成员数：指本年度参与农民专业合作社内部信用合作的成员数量。

入股互助资金总额：指本年度参与内部信用合作的农民专业合作社成员，以入股方式缴纳的互助资金总额。

成员使用互助资金总额：指本年度农民专业合作社成员使用互助资金的总额。

开展互助保险的合作社数：指本年度开展互助保险业务的农民专业合作社数量。

参与互助保险成员数：指本年度参与农民专业合作社互助保险的成员数量。

成员支付保费总额：指本年度农民专业合作社成员参与互助保险缴纳的保费总额。

成员获得保险赔偿总额：指农民专业合作社成员本年度获得互助保险赔付的资金总额。

创办实体的合作社数：指创办了农产品和其他产品加工、流通、营销等实体的农民专业合作社数量。

开展农村电子商务的合作社数：是指利用互联网等现代信息技术，

在网上完成产品或服务的销售、购买和电子支付等业务交易的农民专业合作社数量。

开展休闲农业和乡村旅游的合作社数：指利用土地、闲置农宅等乡村资源要素，开发经营休闲农业和乡村旅游的农民专业合作社数量。

从事民间工艺及制品开发经营的合作社数：指从事民间工艺、开发经营工艺制品的农民专业合作社数量。

农民专业合作社经营收入：指农民专业合作社本年度内通过提供农业生产资料的购买、农产品的销售、加工、运输、贮藏、与农业生产经营有关的技术、信息等服务取得的总收入。

农民专业合作社上缴的税金总额：指农民专业合作社本年度上缴的各类税金总额。

农民专业合作社盈余：指农民专业合作社本年度获得的盈余总额，即经营收益＋其他收入－其他支出。

农民专业合作社可分配盈余：指农民专业合作社本年度盈余在弥补亏损、提取公积金后，可在农民专业合作社成员中分配的金额，即可分配盈余＝盈余－弥补亏损－提取公积金。

按交易量返还成员总额：指农民专业合作社本年度可分配盈余中，按成员与本社交易量（额）的比例返还给成员的总金额。

按股分红总额：指农民专业合作社本年度以成员账户中记载的出资额、公积金份额、本社接受国家财政直接补助和他人捐赠形成的财产平均量化到成员的份额等，按比例分配给本社成员的盈余总金额。

可分配盈余按交易量返还成员的合作社数：指本年度根据成员与本社交易量（额）比例返还可分配盈余的农民专业合作社数量。

当年获得财政扶持资金的合作社数：指本年度获得各级财政扶持资金的农民专业合作社数量。

当年财政扶持资金总额：指本年度各级财政对农民专业合作社的

扶持资金总额。

当年承担国家财政项目的合作社数：指本年度通过招投标、政府购买、委托实施等方式，承担各级政府财政项目的农民专业合作社数量。

当年承担国家涉农项目的合作社数：指本年度通过招投标、政府购买、委托实施等方式，承担各级政府涉农项目的农民专业合作社数量。

当年贷款余额：指本年度末农民专业合作社尚未归还各类金融机构的贷款总额。

农民专业合作社联合社数：指按照《中华人民共和国农民专业合作社法》《农民专业合作社登记管理条例》《中华人民共和国市场主体登记管理条例》等法律法规登记注册，登记类型为农民专业合作社联合社的数量。

农民专业合作社联合社成员数：指农民专业合作社联合社年末在册成员社的数量，依据《中华人民共和国农民专业合作社法》，农民专业合作社联合社成员须为农民专业合作社。

农民专业合作社联合社经营收入：指联合社本年度内通过提供农业生产资料的购买、农产品的销售、加工、运输、贮藏、与农业生产经营有关的技术、信息等服务取得的总收入。

农民专业合作社联合社盈余：指联合社本年度获得的盈余总额，即经营收益＋其他收入－其他支出。

农民专业合作社联合社可分配盈余：指联合社本年度盈余，在弥补亏损、提取公积金后，可在联合社成员社中分配的金额，即可分配盈余＝盈余－弥补亏损－提取公积金。

成立基层党组织的农民专业合作社数：指通过单建、联建、挂靠等方式建立党小组或党支部、党委的农民专业合作社数量。

农民专业合作社成员中党员数：指农民专业合作社成员中中国共

产党党员的数量。

农民专业合作社联合会数：指以农民专业合作社为主体自愿联合成立，经民政部门注册登记的社团组织数量。

（三）农业社会化服务情况统计表

农业社会化服务：指各类市场化服务主体围绕农业生产全链条，根据产前、产中、产后需要，提供的各类经营性服务。具体包括农牧渔业相关生产资料供应、农业市场信息、技术集成、农机作业及维修、动植物疫病防控、农业废弃物资源化利用、农产品营销、仓储物流和初加工等服务。

开展农业社会化服务的农民专业合作社数量：指除对本社成员提供服务以外，还对其他农业生产经营主体提供服务的农民专业合作社数量。

开展农业社会化服务的农村集体经济组织数量：指为本村或本村以外的农业生产经营主体提供社会化服务的农村集体经济组织数量。

开展农业社会化服务的企业数量：指为农户等各类农业生产经营主体提供社会化服务的企业数量。

开展农业社会化服务的农业服务专业户数量：指为农户等各类农业生产经营主体提供社会化服务，且提供服务所得收入占总收入60%以上的专业户数量。

开展农业社会化服务的供销合作社数量：指为农户等各类农业生产经营主体提供社会化服务的供销合作社数量。

开展农业社会化服务的服务协会数量：指为农户等各类农业生产经营主体或服务主体提供社会化服务的服务协会或服务联盟数量。

开展农业社会化服务的其他服务组织数量：指为农户等各类农业生产经营主体提供社会化服务的其他服务组织数量，如服务联合体、服务平台、服务中心等。

从业人员数：指在本年度内，各类服务组织中相对固定的从业人员数量，包括管理人员、财会人员、农技人员、农机手等。

服务营业收入：指在本年度内，各类服务组织提供农业社会化服务所取得的收入总额。

服务小农户的营业收入：指在本年度内，各类服务组织向小农户提供农业社会化服务所取得的收入总额。其中，小农户是指仅经营家庭承包地的农户。

服务对象数量：指接受农业社会化服务的各类农业生产经营主体数量，包括小农户和各类新型农业经营主体数量。

农业生产托管：指农户等各类农业生产经营主体，在不流转土地经营权的条件下，将农业生产中的耕、种、防、收等全部或部分作业环节，委托给服务组织完成或协助完成的农业经营方式。

耕、种、防、收各环节托管服务面积：指农户等各类农业生产经营主体分别在耕、种、防、收四环节接受托管服务的面积，同一地块接受多次托管服务的累计计算服务面积。如1亩地在耕和收环节各接受1次托管服务的，托管服务总面积为2亩次。

服务粮食作物的面积：指各类服务组织托管服务粮食作物的面积，以亩次累计计算。其中，粮食作物包括谷物（稻谷、小麦、玉米）、豆类和薯类。

小农户托管的面积：指小农户接受服务组织提供托管服务的面积，不包括农民专业合作社、农业企业等新型农业经营主体接受托管服务的面积。

农业生产托管服务对象数量：指接受农业生产托管服务的各类农业生产经营主体数量，包括小农户和各类新型农业经营主体数量。

（四）农村宅基地情况统计表

宅基地宗数：指本行政区域内农村村民住宅及其生活附属设施占

用的集体建设用地（包括住房、附属用房和庭院等占地）的宗数。统计范围包括已经建设住宅的土地、建过住宅但已废弃或拆除的土地，以及已经批准为宅基地但尚未开展建设的土地，不包括集中上楼安置的农民住宅占地情况。

非本集体成员占用的宅基地宗数：指非本集体经济组织成员通过继承农房或其他方式占用的宅基地宗数。

审批宅基地宗数和面积：指统计年度内，地方政府依法批准使用宅基地的宗数和面积。统计范围包括原址翻建、改扩建、异址新建等占用土地。

农用地转用宗数和面积：指统计年度内，地方政府依据《土地管理法》有关规定，将农用地转为建设用地，并确定为宅基地的宗数和面积。

征收宅基地宗数和面积：指统计年度内，县级及以上地方人民政府为了公共利益需要，依照法定程序和权限征转为国有土地的宅基地宗数和面积。

（五）农经机构队伍情况统计表

农经机构：是指地方各级人民政府设立的专职承担农村经营管理职能的机构数量，如行政性的处、办、科、股和事业性的农经站、会计辅导站、土地流转服务中心、专业合作经济组织服务中心等，两块牌子一套人马的按 1 个机构统计。

乡镇级机构数：指乡镇一级设置的承担农村经营管理职能的工作机构数。有的地方由行政机构承担，有的地方由专职事业性机构承担。

职责明确由行政机构承担的（乡镇级机构数）：指乡镇一级已明确承担农村经营管理职能的行政机构数量。按照国务院要求，乡镇农村经营管理职能列入政府职责，一些地方明确了在乡镇政府中承担农经职能的工作机构，一般这些工作机构还承担其他职能，但只要明确承担农经职能就应纳入统计范围。

职责由专职事业机构承担的（乡镇级机构数）：指乡镇一级专职承担农村经营管理职能的事业性机构数。

实有人数：指农经机构中实际在岗人员总数。单设机构按照全部在岗人员统计。

在编人数：指占用农经机构人员编制的人员数，即在编在岗和在编不在岗人员数之和。

专业技术职称人数：指在编人员中经国家有关部门考评取得相应资格并由单位聘任为相应技术职务的人员数。

未明确承担农经职能机构的乡镇数：指没有明确承担农村经营管理职能的机构的乡镇数，既没有单独设置，也没有分解设置承担农经职能机构的乡镇数。

职责分解设置的乡镇机构数：指由多个乡镇机构分散承担农村经营管理工作职能，且非专职承担农经工作职能的机构数。如农业综合服务站（中心）、财政（经）所等。此类型机构不计入乡级农经机构总数。